文豪に学ぶ
手紙のことばの選びかた

中川越

東京新聞

文豪に学ぶ　手紙のことばの選びかた

はじめに

「お礼の手紙を書こうとしたら、お詫びや慰めや励ましも含めたくなって、なかなかうまくまとまらない。どうすればよいのか？」と質問されたことがある。私はテーマを絞るようにとか、月並みな回答をいくつか思い浮かべたが、結局こう答えた。

「何でも思いついたことをどんどん書いてみてください。脈絡や構成など気にせずに。そして最後に、『次々に胸にあふれるいろいろな気持ちをまとまりもなく書きました。失礼をお許しください』と正直に謝ります。無理にまとめようとすると、ことばの新鮮さが失われてしまう。新鮮なことばこそが、よい手紙の重要な条件になると思います」

この回答の下敷きにしたのは、太宰治の手紙の末文だ。

「きょうは、お礼やら、おわびやら、お見舞やら、不文ごたごたしてしまっておゆるし下さい」〈不文＝下手な文章。自分の文をへりくだっていういい方〉

こうした言い回しを使うだけで、俄然手紙が書きやすくなる場合がある。質問者はいくぶんか気楽に手紙を仕上げることができたようだ。

この太宰の手紙から学ぶべきことは、文がまとまらないときに文末に置くお詫びのことばだけではない。いわば、不作法のススメだ。

現代の一般的な手紙の作法では、お礼とお詫びとお見舞いを、一通に盛り込んではいけないとしている。お礼のついでにお詫びをしたりお見舞いしたりするのは失礼だから、一通一用件に絞るのが常識とされている。

しかし、それはあくまでも原則。ある程度親しい相手であれば、そして、お詫びやお見舞いの内容がさほど深刻でなければ、三テーマを一通に書いても一向に差しつかえない。

また、一通に一用件というマナーのみならず、拝啓・敬具などの使い方、時候のあいさつの書き方などの作法についても、必ずしも常識に従う必要はない。詳しくは本書の本文に譲るが、作法だけ整っていても、誠意が感じられなければ、かえって失礼な手紙になる。

親しくない相手に書くときや改まった内容の手紙の場合は、作法に従い儀礼を重んじることが大切だが、形ばかりで心のない、儀礼的ならぬ偽礼的な手紙であってはならない。

作法に縛られすぎるとのびやかな心が委縮して、生き生きとしたことばが生まれて来ない。生き生きとしたことばが生まれなければ、決してよい手紙にはならない。

では、よい手紙とは――。誠意と親愛と敬意と品位に満ちたことばで仕上げられ、趣がある手紙、ということができるだろう。場合によってはユーモアも要件の一つになる。

無論、自分が書いた手紙に、誠意、親愛、敬意、品位、趣、ユーモアなどがあるかないかの自己判定はしにくい。しかし、誰でも受けた手紙の評価は一瞬にして行うことがある。

夏目漱石もすぐさま受信した手紙の価値を決定した。その様子を彼の手紙から知ることができる。

漱石は「吾輩は猫である」により一躍文壇に躍り出た後、異色な小説「草枕」に挑戦し世評が気になっていた。そんなとき知友から手紙で感想をもらい、注意深く礼状を認めた。

「大兄(=あなた)が一個の紳士として只出放題をかいて人を嬉しがらせる様な軽薄な学者でないに極《き》まっている以上はとも角も御言葉丈は真面目に拝聴して深く御礼を申さねばならん筈《はず》と思います」

と、ここまでは至極慎重だが、次に続く一言で漱石の本音がストレートに表現された。

「実は嬉しいから（あなたの手紙を）二編繰り返して読みました」

二度読みたくなる手紙こそが、まぎれもなくよい手紙だ。

本書に掲げた文豪たちの手紙のことばの数々が、読者諸賢がよい手紙を書く際のことば選びのために、少しでも資するところがあれば、幸いこの上ない。

著者

◎手紙の引用文について

本書で紹介した文豪の手紙や古い手紙の指導書などからの引用文は、原著、原典を尊重しながら、原則として現代表記（新字・新かなづかい）に改めました。ただし、詩、短歌、俳句やそれに準ずるものについては、旧かなづかいのままとしました。

もくじ

第二章　思いを伝える

第三章 形式・作法

装画◉松浦シオリ

第一章　あいさつ・交際

【年賀状】

奇をてらわず祝う

出すのは少し面倒でも、もらうと結構うれしいのが年賀状だ。

そもそも年賀状の起源は、奈良、平安の時代にさかのぼるとされている。平安時代の年賀状に、「年首御慶《ねんしゅぎょけい》」を文頭に掲げたものがあり、これは、新年おめでとうございます、と訳すことができる。

千数百年を経た現代、新年の賀詞としては、ご存じの通り、「謹賀新年、恭賀新年、賀正、迎春、頌春《しょうしゅん》、あけましておめでとうございます」などが利用されている。ちなみに、「賀正、迎春、頌春」は、ていねいさに欠けるので、目上には不向きといえる。

ともあれ少しでも目立ち、まごころを伝えるには、どんな賀詞がよいかと、誰もが毎年迷う。

そこで、**手紙**の名手、夏目漱石に教えを乞うことにした。すると意外にも彼の年賀状には、はがきの中央に「恭賀新年」と書いただけのものが多い。添え書きもなく、普段の**手紙**では饒舌《じょうぜつ》な漱石とは対照的だ。はがきの余白に、新年に臨んで浮かんだ万感の思いを託したかのようで、すがすがしく趣深い。

さらに、他の文豪の年賀状も調べてみた。

森鷗外は「拝賀新年」、福沢諭吉は「改年の御慶目出《めで》度《たく》申収候《もうしおさめそうろう》」、島崎藤村は「謹んで新年を祝す」、芥川龍之介は「つつしみて新年を賀したてまつる」、北原白秋は「お正月だそうなおめでとう」「極々《ごくごく》内緒で新年おめでとう」などとなっている。白秋を除けば、それほど新奇な賀詞はないようだ。

むしろ正月のあいさつは奇をてらうべきではないということがわかる。しかし、そうはいっても、古風な言い回しや決まり言葉ではなく、新年にふさわしいフレッシュな賀詞はないものだろうか。

昭和を代表する童謡詩人、サトウハチローのこんな年賀状があった。

新しい春
ボク達夫婦も今年から
ウンと若くなるつもりです
一九三四年一月　サトウハチロー　サトウルリコ

「ウンと若くなるつもり」というのびやかな言葉が「新しい春」と調和して心地よい。

古風、斬新いずれにしても、うれしい年賀状の条件が一つある。元旦に届くのがよい。十二月二十五日までには投函《とうかん》したい。

◉年賀状のフレーズいろいろ

丁重なあいさつを重んじるなら、違和感のない形式的な賀詞を選ぶのがよい。文豪、画家、学者などの名士たちも、年賀状では穏当な賀詞を用いた。

新春《しんしゅん》目《め》出《で》度《たく》奉賀《がしたてまつり》候《そうろう》　（永井荷風）

賀正　（谷崎潤一郎）

新しき年立ち申し候　（巌谷小波）

新年の御吉賀《こきちが》、尽期《じんき》ある可からず候　（貝原益軒）

※意味・新年のおめでたは限りがありません。

賀寿　（川端康成）

※解説・「賀寿」は長寿の祝いに用いられることが一般だが、川端はあえて正月の賀詞として用いた。

謹賀新年　（田山花袋）

賀春

（中河与一）

新《しん》歳《さい》之《の》慶《けい》千《せん》里《り》同《どう》風《ふう》、
目《め》出《で》度《たく》申《もうし》納《おさめ》候《そうろう》

（頼山陽）

※意味・新年のお慶びは至る所に行きわたり、おめでたいことと申し上げます。

新春の御慶目出度申納候

（川端龍子）

新《しん》歳《さい》之《の》御《ぎょ》慶《けい》御《ご》同《どう》前《ぜん》万《ばん》
福《ぷく》目《め》出《で》度《たく》申《もうし》納《おさめ》候《そうろう》

（本居宣長）

※意味・新年のお慶びはご同様で、すべて幸福でおめでたいことと申し上げます。

拝年

（幸田露伴）

シンネンオメデトウ

（巌谷小波）

恭賀新年

（斎藤茂吉／夏目漱石）

新年めでたく申しおさめ候

（正岡子規）

《寒中見舞い》

相手に関心向ける

三島由紀夫が著書『三島由紀夫レター教室』の中で、**手紙**を書くときの注意点を、次のように教えている。

世の中の人間は、みんな自分勝手の目的に向かって邁進《まいしん》しており、他人に関心をもつのはよほど例外的だ。とわかったときに、はじめてあなたの書く**手紙**にはいきいきとした力がそなわり、人の心をゆすぶる**手紙**が書けるようになるのです

だから、古くからの**手紙**文の言い回しに、こんなものが存在し、今も時々使われる。

「おかげさまで元気です。他事ながらご休心ください」。「ご休心」を「ご放念」と書く場合もある。私のことなど人ごとでご関心がないのは重々承知していますが、万一心配してくださっていましたら、元気ですので、どうかお心をお休めください、という意味である。

ここまで遠慮が過ぎると卑屈な印象となり、かえって感じが悪いから、時代とともにすたれていったのかもしれないが、自分のずうずうしさに対する用心は、し過ぎることはないだろう。

一月五、六日から二月三、四日の節分までに書く寒中見舞いにも、当然このわきまえを生かすべきで、そんな配慮のきいた見舞いが、

ストーブよりも確かに相手の心を温めるのに役立つ。

歌人で日本の女子教育の先覚者でもある下田歌子は、次のように寒中見舞いの見本を示した。


昨日よりは寒に入りて、別して北風身にしみ候にも、御隠居様にはいつも御すこやかに渡らせられおめでたく存じ上げ候、然《しか》し本年の寒気はことのほかに候間、御注意の上にも御注意なされ候よう祈り上げ候。かしこ

私事を遠慮するどころか、それには一切触れず、ひたすら「御隠居様」と敬う相手に関心を向けているのがすがすがしい。

しかし、この姿勢をむやみに貫くのはよくない。気のおけない相手には、ほどよく近況をまじえ、親しみをそえたい。

たとえば尾崎紅葉は、寒中見舞いを、次のように書いた。


大雪々々！　御地はどうか知らねど火燵《こたつ》の内より一寸御見舞い申上候

一方的に近況を伝えながらも厚かましくなく、活力やユーモアも感じられる。そして親しみ深さが、寒さへのいたわりを、より強いものにしている。

◉寒中見舞いのフレーズいろいろ

寒さを訴えるときには、寒いと書くだけでなく、自然や身のまわりの観察を示すことで、間接的に寒さを表現したほうが、より効果的な場合がある。

春とは申候えども、吹く風冷えかえり、寒中にも増したるこの頃の空合《そらあい》、皆様時候の御さわりもなく御くらし遊ばされ候や御伺い申上候、私かた皆々別にさわることもなく過し候ままよそながら御心やすく思召下され度候。まずは取りあえず時節の御見舞まで。かしこ。（小野鵞堂）

※解説・「よそながら御心やすく思召下され度」は、他事ながらご休心いただきたく、という意。

お寒いうちは御祖母様も御身のまわりを暖かくなさいまして、何事にも無理をなさいませんようにただらくらくと炬燵の番人におなりなさいますようおすすめいたします。（河井酔茗）

春寒の節に候條乍憚《そうろうじょうはばかりながら》
奉伺御様態存度候《ごようだいうかがいたてまつりぞんじたくそうろう》
（徳川光圀）

※意味・春寒の節ですので、恐れ多くもご容体をつつしんでお伺いしたく存じます。

大へんお寒さきびしゅうございますが、御家内御一同様には、お障りなくお過ごしでいらっしゃいましょうか、どうぞ皆様くれぐれも御身おいといくださいまして、お風邪などおひきになりませんよう祈り上げます。

（網野菊）


昨夜の雪で庭山の紅葉と銀杏とが一きわ鮮かに赤く黄に色を染めてまいりました。

（五十嵐力）

本年の寒気はことの外に候間、御注意の上にも御注意なされ候よう祈り上げ候
（下田歌子）

※「間」は、ので、という意。

御なつかしさに任せ、一ふで申上げ候。久々御めもじも致さず、御寒気の折から何の御障りもなく入らせられ候や、御様子伺いたく、此の品粗末ながら御なぐさみに御覧に入れ候。

（前田みね子）

《卒業祝い》

背中を
ポンと押す

「僕の前に道はない僕の後ろに道は出来《でき》る」（『道程』より）

春、卒業、入学、入社を迎える人たちに、これほどふさわしい応援の言葉はないだろう。勇気と誇りを持って、美しい未来を切り拓《ひら》いてほしいものである。

この有名な詩句を書いたのは、いうまでもなく詩人、彫刻家として名高い、高村光太郎である。

そこで、彼が実際に明日に向かって歩みだす若者に、どのようなエールを送っていたのか知りたくなり調べてみたところ、次の**手紙**が見つかった。

光太郎四十三歳のとき、二十四歳の東京美術学校彫刻科を卒業する学生に宛てた**手紙**だ。二人は、やはり彫刻家として活躍した双方の父親を介して、親交があった。

山本雅彦君　啓、まず卒業を御祝いします

いきなり冒頭から祝意を伝え、光太郎らしい清冽《せいれつ》な率直さを示している。その後、卒業制作展で山本雅彦の作品を見たことにふれてから感想を述べた。

あなたの作品を見て、彫刻的なるものに対する本性の決定的傾向を見ることが出来たのは愉快でした。

そして、次の励ましの言葉をさしはさんだ。

何しろ一切がこれからの事です。これから大変面白いと思います
さらに**手紙**の締めくくりの部分では、このように輝かしい未来を予見した。

私はあなたの多幸な前途が約束されている事を信じます
もちろん、無責任な観測は相手のためにならない。将来の成功を信じるためには、それなりの根拠が必要だ。しかし、少しでもその可能性があるなら、それを信じて、まだ道の引かれていない世界にこわごわと踏み出そうとしている人たちの背中を、明るくポンと押してあげることが大切だ。

困難を先取りして不安がらせて、健闘を促すより、きっと効果的に違いない。

光太郎のこの卒業祝いの**手紙**のお陰《かげ》だけではないだろうが、山本雅彦青年は、その後、日展の常連となり、日展の特選を三回連続で受賞するなどしてから、日展の審査員、評議員などを務め、日本美術界の重鎮として活躍した。

◉卒業祝いのフレーズいろいろ

卒業の喜びをともにするだけでなく、未来に羽ばたく相手を励ましたり、アドバイスを贈ったりするのもよいだろう。ただしお説教にならないように。

敬啓　謹みて御卒業を祝し候　此期《このご》に際して別封独乙語独修書御《お》贈申候《おくりもうしそうろう》間《あいだ》何卒御受納下され度《たく》願《ねがい》上《あげ》候《そうろう》…新しき道を行く旅人は今来古往独りなるを常と致し候

（芥川龍之介）

拝啓愈々《いよいよ》御卒業にて慶賀申上げ候ところ直ちに御栄任、実に御めでたく、御令兄保義君が秀才にあらせられ喜び申候ところ御令兄にも倍して優秀の御成績

（斎藤茂吉）

※解説・「御令兄」は、相手の兄の敬称。御令兄様ともいう。

何をあげたら一番喜んでもらえるものか、少しも見当がつきません。時計、帯、それとも御本ですか、とにかく、心から愛子さんの蛍雪の功をお祝いしたいのです。ただし、あっさりと言いますが、五千円までの準備しか出来ません。

（生田花世）

御卒業めでたしめでたし。小生も在学の頃は早く学校生活をやめて試験の憂目を逃れたいとばかり思っておりましたが、いよいよ卒業してみると、家計問題、社交問題などが学校の試験問題よりは一層むずかしく、社会の試験が学校の試験よりも骨の折れることを感じました。…健康は人間成功の第一義でありますから、此の一事御祝いかたがた御参考までに申し上げます。

（大町桂月）

優等にて御卒業、殊に卒業生を代表して感謝の式辞まで読まれた由、結構結構…今度お前の入る『世の中』という学校は、私の現に入って居るのと同じ学校です。吾々はこれから同じクラスメートとして仲よく公平に競争せねばなりませんよ　御互にしっかりやりましょう。御よろこびに御はなむけをかねて、思うままの粗末な詞を呈します。御機嫌よう、左様なら。

（五十嵐力）

教えて頂いたことを役にたたせるようにするのは、学校を出てからの心がけ次第です。…どうぞ将来に対して御用意をお始めになって下さい。これは御卒業をお祝いする私の正直な老婆心です。

（深尾須磨子）

《転居通知》

住所と新風を送る

異動や結婚などのために転居するときには、周囲への通知が必要になる。

東京美術学校の創設者岡倉天心は、現在の東京都台東区に引っ越した際、森鷗外に次の通知を出した。

左ニ転居　仕候《つかまつりそうろう》
三月三日　岡倉天心
下谷金杉村六十一番地

これが全文、無駄がない。通知は余計なあいさつを極力省き、伝えたい情報をシンプルに書くのがいい。

夏目漱石もまた、短い転居通知を送っている。

「私の新宅は牛込早稲田南町九番地デアリマス。アシタ越シマス」

簡潔なうえに、岡倉のものよりていねいで温かみがある。しかし残念なことに、取り返しのつかない大きなミスを犯した。住所は九番地ではなく七番地だった。通知で一番注意すべきは、情報の正確性だ。

そして欲を言えば、転居を知らせるときには、もう少し趣を添えたほうがよいだろう。

詩人北原白秋は、転居通知の完璧な見本を残した。全文を示す。

啓　馬込の緑ケ丘からこの初夏の世田谷に転居いたしました。実は砧《きぬた》村の成城学園へ通う小さい子たちの為に引き移った訣《わけ》なのですが転居はとりもなおさず家庭的旅行で少なくとも新鮮な換気法です。このあたり多摩川もほど近く、雄大な木立と畑と雑草の原が多く、随所にまだ田園の野趣が溢《あふ》れて見えます。電車は玉川電鉄下高井戸線の「松陰神社前」で降り、東南二丁ほどのところです。渋谷からも順路ですが、新宿からならば小田原急行の豪徳寺で乗換えます。申し遅れましたがお知らせまで、草々。

東京府下世田谷若林二三七

白秋は五十二年の生涯に、三十回以上住み移り、新鮮な換気を繰り返した引っ越しの達人だ。この通知で白秋は、四囲の豊かな風光の説明をまじえながら、新天地で始まるフレッシュな生活の予感を伝えた。さらには、ぜひお越しくださいといわんばかりに、親切に順路の説明を添えている。

希望が感じられる転居通知は、住所とともに新風を送り届け、受け手の頬をちょっと緩ませる力がある。

◉転居通知のフレーズいろいろ

転居通知で伝えるべきは正確な住所。そして、相手によっては、転居先の様子、転居先での夢を語ると、よりていねいな印象になる。

拝啓　今般左記に転居致候間御通知申上候　敬具　（芥川龍之介）

※解説・きわめて簡潔な転居通知。「間」は、〜ので、という意。

小生表記の番地へ転寓、所は名高き鶯横町
鶯のとなりに細きいほり哉
実の所汽車の往来喧敷《かまびすしき》（レール一町許《ばかり》）為《ため》に脳痛をまし候
鶯の遠のいてなく汽車の音
剰《あまつさ》え家婦の待遇余りよからず、罪なくして配所の月の感あり　（正岡子規）

※解説・「配所」は、罪人の流刑地。

あわただしく大阪を去り淋しかり見残しし夢のあまたありしを　いつしかに東京に来ておやこ四人さくら散る里に家を持ちたり　（服部嘉香）

此度左記の所へ落つき候間御安心被下度余ハ後便重て御礼申上べく候　（永井荷風）

場所は静かだし、あたりに木もたくさんある。昨夜は、座敷から正面の立ち木の上に月が上った。室は玄関の三畳に八畳六畳の三室、外に台所、水は井戸だから少し不便ながら小さくても門がある。家賃九円、敷金二カ月分。　（石川啄木）

土用のさなかだというのに雨ばかり降りつづいて誠に困ったお天気ですが、貴家皆々様、お変わりはございませんか。お伺い申し上げます。次に私こと昨年九月十二日に左記へ転居いたしましたから、とりあえず御通知申し上げます。　（生方敏郎）

このたびやっとその念願を達し、家族一同引き連れて左記へ転居いたしてまいりました。これからは籠居、仕事に専念いたしたいと存じております。どうかお通りすがりの節はぜひ御枉駕《おうが》賜りますよう御願い申し上げます。拝趨御挨拶申し上げるはずでございますが着京早々何かと取りまぎれておりますので、寸楮をもって失礼いたします。　（小田富弥）

※解説・「枉駕」は、相手の来訪を敬う言い方。いらっしゃる。「拝趨」は、行くことをへりくだっていう言い方。伺う。

《暑中見舞い①》

親愛が涼を運ぶ

こんな横着な季節の**手紙**はいけない。江戸時代の狂歌師、太田南《なん》畝《ぽ》は、一年のあいさつのすべてを一通ですませた。

年始　上巳　端午　七夕　八朔《はっさく》　重陽　〆六つ　御祝儀申上候
暑中　寒中　〆二つ　御見舞い申上候

作家北杜夫も、暑中、寒中の両見舞い、誕生、合格、落第、結婚、離婚などを、祝ったり、慰めたりする言葉を一枚に収めた万能ハガキを考案した。必要に応じて該当する語句を丸で囲んで使った。無論ユーモアだ。

昭和三（一九二八）年発行の『現代の書簡』という**手紙**の指南書によれば、「暑中見舞いには『暑中御見舞申上候』と書けばいいわけであるが、すべての人がそれを用いるから…格別の印象を与えられなし…面白くない」とある。確かに。しかし、処世のあいさつは、面白ければいいというものでもないので、まさか太田南畝や北杜夫は真似られない。

「咳《せき》をしても一人」の句で知られる自由律の俳人尾崎放哉は、人にたくさん迷惑をかけて自由に生きたらしい。その放哉でさえ必要に応じて「暑中御見舞申上候」で始まる常識的な**手紙**を書いて世を渡った。

とはいえ、もう少しさりげなく、自分らしい言葉を使うほうがよい場合もあるだろう。

宮沢賢治は、「毎日暑いでしょう。お変わりありませんか」と書き出した。気軽な言葉が、爽快な印象を醸し出す。

また、夏目漱石は、「大分《だいぶ》暑いじゃありませんか高田はどうですか東京は随分です」などと、ざっくばらんだ。暑さを共にし、慰め合おうとする親密感が伝わり心地よい。

そして二十四歳の芥川龍之介は四十九歳の夏目漱石に、滞在中の千葉・一宮海岸から、このように書き出し、暑さを気遣った。

先生また**手紙**を書きます。嘸《さぞ》この頃の暑さに我々の長い**手紙**をお読みになるのはご迷惑だろうと思いますが、これも我々のような門下生を持った因果と御あきらめ下さい…

心が心にぴったり寄り添う景色が目に浮かび、うらやましい。

暑中のあいさつもいろいろだが、暑さの苦痛をより効果的に癒やすために役立つ要素が一つある。それは、**手紙**にこめられた、それとない親愛の情だ。

◉暑中見舞いのフレーズいろいろ

お互いの暑さを嘆き合い、いたわり合うのが暑中見舞いだ。そして、できれば清涼感のある表現を心がけることで、自他のほてった心身を冷やしたい。

大分暑いじゃありませんか。高田はどうですか。東京は随分です。此間子供を鎌倉へやりました。狭苦しい借家に蝿のように遊んでいます。（夏目漱石）

暑中御見舞申上候〔印刷〕（斎藤茂吉）

黒かねも溶くと云うばかりの此の頃なるを、今年は一としおきびしく、殊に昨日きょうは、そよとの風もなく、団扇とる手のしばしも離しかぬるばかりに候を、御許様初め皆々様御変りもなく候や、…此の懐中ラムネ一箱、御子様方の御すさびにと差上候、私知人の製し候にて、よく衛生に注意して造りしものの由に候、まずはお見舞かたがた。かしこ（佐佐木信綱）

すっかり失敬した。東京の暑さは非常だが、君はどうしている、僕は先月末帰った、小笠原は実によかったが、僕の借りた西洋人の家にお婆さんの幽霊が出てね、皆病気になって了った。

（北原白秋）

昨夕の夕立に後の涼しさを楽しみ居り候所夜半よりむしあつく、今朝は一点の雲もなく、いよいよ昨日にまさる苦熱を如何御起居あそばし候ことかと御察し申上候。この花氷一柱、御午睡の御伽《おとぎ》とも御《ご》覧《ろう》じ被下度候《くだされたくそうろう》。かしこ

（三宅花圃）

※解説・「御伽」は寝床の話し相手。

暑中お見舞い申し上げます。平素はすっかり御無沙汰申しわけもございません。ことしの暑さは、ことの外きびしゅうございます。ますます御身おいといあそばしますよう、緑陰涼しき山荘から季節のお伺いまで。

（網野菊）

御暑いことですね。山の中でもずいぶん暑いのですよ。けれども夕方からの涼しさは都会とはちがうのでしのぎやすうござんす。御からだは御丈夫ですか。自分が毎日すぐれないでぐずぐずしているので、人のことまで気にかかります。御大事に。

（原阿佐緒）

《暑中見舞い②》

さわやかな風を

「暑中見舞いの日」という日がある。六月十五日だ。昭和二十五（一九五〇）年の同日に、初めて暑中見舞い専用はがきが発売された。今は〈かもめーる〉（くじ付き暑中・残暑見舞いはがき）と呼ばれ、販売期間は毎年六月初めから八月下旬まで（年によって多少異なるので日本郵便のホームページなどで確認していただきたい）。

暑中見舞いを出す時期は、小暑（七月七日）から立秋（八月八日）の前日までが一般的。立秋以降は残暑見舞いとなる。

さて、書くべき内容はご存じの通り、暑さに耐えて過ごす相手の苦痛、苦労についてのお見舞いと、自分の近況報告などでよい。冒頭には、「暑中（残暑）お見舞い申し上げます」という決まり文句を置くのが普通だ。

しかし、ありきたりなあいさつでは、趣も面白みもない、と感じる場合もある。そんなときは、次に挙げる古《いにしえ》の歌人たちの暑中見舞いが参考になる。

明治、大正、昭和に渡り、歌に恋に無垢《むく》奔放に生きた美貌の歌人、原阿佐緒《あさお》はこう書いた。

御暑いことですね。山の中でもずいぶん暑いのですよ。けれども

夕方からの涼しさは都会とはちがうのでしのぎやすうござんす
軽快で親しみやすい。
また、歌人としてだけでなく、明治以降の初めての女性小説家としても知られる三宅花圃《かほ》の書き出しも、月並みではない。
昨夕の夕立に後の涼しさを楽しみ居《お》り候
あえて暑の字を使わず、まず涼を印象づけ、相手を冷やした。そして、三宅とは正反対に、暑さを殊更に強調し、同情によって相手を癒《いや》そうとしたのが、佐佐木信綱である。
黒かねも溶《と》くと云《い》うばかりの此《こ》の頃なるを、今年《こんねん》は一《ひ》としおきびしく、殊に昨日きょうは、そよとの風もなく、団扇《うちわ》とる手のしばしも離しかぬるばかりに候
黒かねとは鉄。鉄も溶けるほどの暑さとは非科学的だが、実感としては正確で、共感を得やすい。
「暑中お見舞い申し上げます」の安定感は安心感に通じるが、一方で空気の淀《よど》みや退屈にもつながりかねない。
さわやかな風が、行間に吹き抜ける新鮮な文面を、一工夫してみてはいかがだろうか。

◉残暑見舞いのフレーズいろいろ

梅雨明け（七月の中旬ぐらい）から立秋（八月七日か八日）の前までは、暑中見舞い。立秋以降、八月の末日頃までは残暑見舞いとして出すことになる。

東京は照りつづけで可也暑いが気持のいいような暑さで夜は涼しい、中庭の涼台で仰向になって流星を数えて居ると、避暑などに行くのは厭になります。（寺田寅彦）

暑さのお見まいを申上ます。
八月十六日
昨日はこの町の八幡の祭の日でした。何となくおとぎばなしの情調の浮かんで来るような日でした。東京も昨日あたりは九十四度です。（島崎藤村）

※解説・九十四度は華氏。摂氏では三十四・四度。

暑中御変りも御座いませんでしたか。ずいぶん暫く御目にかからないような気が致します。今年はこちらも随分暑うございましたが、この五六日急に秋めいてまいりました。（相馬御風）

いつまでもお暑く本年の夏のお暑さハ大へんで御座いましたがお二方様御さわりもいらせられませんか御うかがい申上ます　主人もお暑さでハ少し閉口致しました

（志賀康子）

※解説・「御さわり」は、差し障り、支障。「いらせられる」は、「ある」「いる」の尊敬語。「いらっしゃる」よりも高い敬意を表す。

残暑お見舞がてら、虎屋の羊羹に静岡より到来の挽茶少々をそえてお届けいたします。伯父様とお二人で、あの北窓の静かなお部屋で召し上がってくださいませ。

（長谷川かな女）

先日来の暑さは全く夏の盛りが来たかと思われる程でしたが、雨が降り出すと又急にうすら寒くなってしまいました。そちらでは皆様お変りはありませんか。この頃の時候の悪さにもお障りなくお暮しの事を祈りながらお見舞の言葉を申し上げます。

（水野葉舟）

#《近況報告》

自然や日常に心託し

川端康成は、名作「檸檬《れもん》」で知られる梶井基次郎の**手紙**を絶賛した。伊豆で肺結核の療養をしていた梶井が、川端に送った次の近況報告もそのひとつだ。

山の便りお知らせいたします　桜は八重がまだ咲き残っています　つつじが火がついたように咲いて来ました　石楠花《しゃくなげ》は…浄簾《じょうれん》の滝の方で満開の一株を見ましたが大抵はまだ蕾《つぼみ》の紅もさしていない位です…げんげん畑は掘りかえされて苗代田になりました。もう燕《つばめ》が来てその上を飛んでいます

げんげん畑とは、レンゲ畑のこと。この**手紙**は、体調については何一つ語らず、花々に彩られる伊豆の初夏の報告だけが続く。迂闊《うかつ》な読み手は、書き手の元気だけを想像するだろう。

しかし、川端はこの**手紙**から、別なシグナルも受け取った。自然の旺盛な生命力とは対照的な、病による深刻な体力の衰え。それに伴い梶井の心に広がる底知れぬ不安と孤独。そして、露骨に苦悩を訴え相手を苦しめることを避けようとする梶井の心根の優しさ…。

川端は、身近な自然に思いを託したこの**手紙**を、美しいと感じた。

また、「昆虫記」の著者ファーブルが、七十二歳のときに書いた近

況報告も魅力的だ。

私はかたときも虫けらどもからはなれてはいられない。ますますそうなってきた。この冬中、私は松の木のギョウレツケムシに話をさせた。この虫はずいぶんいろいろと奇妙なことを知らせてくれた。そしていま、私はケラ、コオロギ、バッタ、そのほかたくさんのものと頭をつきあわせようとしている

健やかな心身、みずみずしい好奇心が感じられる。日常的な仕事の様子を具体的に書くことによっても、心の現状を生き生きと伝えることができるようだ。

ファーブル同様地べたにはいつくばり、草花と頭をつきあわせ、四十万点を超える膨大な標本を作製し、日本の植物学の父と呼ばれた牧野富太郎も、普段の仕事ぶりを伝えた。

私も幸いに健康で毎日草木と相撲を取っていますから御安心の程を願います

「相撲」という言葉により、観察時の姿勢だけでなく、植物の神秘を解き明かすべく格闘する牧野博士の心意気もうかがうことができる。卒寿、九十歳の若々しい近況である。

◉近況報告のフレーズいろいろ

手紙は昔、消息とも呼んだ。消息はそのときどきの状況のことだが、元の意味は生死だ。生きていること、元気なことを、明確に伝えるのが基本となる。

懐中に余裕なければ暇もござなく、さしあたり旅行の計画も候わず。ひとえにお暑きことに候が、一坪ばかりの小庭に植込み申候草花、炎天には色彩きらめくばかり、打水すれば東京の夏の夕の風情、いわんかたなく嬉しく候。（泉鏡花）

元気でいますか、お父さんはとても元気です　病気なぞは向うからにげてゆきますよ（北原白秋）

私はあつさに閉口してここに腰をすえて毎日空を見てゐます空のひろい国です。（竹久夢二）

僕は不相変多忙です、俗務の多きに閉口します（内村鑑三）

元気にしています。木曜日以来劇場で毎日なにか新しく上演されています。まるでぼくのために特別に上演しているみたいです。（ショパン）

今夜はほんとうに静かな夜で都会の中にいるとも思えません。そして心も非常に落ちついています。近ごろにない嬉しい夜であります。こんな夜まだ逢わない人に歌や手紙のみで交際している人に、その人の事を想像しながら便りするという事はそればかりでなつかしいような気もします。

（土田耕平）

雪をながめて、堀さんと炬燵のなかではなししたり、日なたでぼんやり卒業製作に建てる家のことを考えたりしている。天下太平という感じがしている。

（立原道造）

わたくしも盛岡の頃とはずいぶん変っています　あのころはすきとおる冷たい水精のような水の流ればかり考えていましたのにいまは苗代や草の生えた堰のうすら濁ったあたたかなたくさんの微生物のたのしく流れるそんな水に足をひたしたり腕をひたして水口を繕ったりすることをねがいます

（宮沢賢治）

ではお前に詳しく私の様子を知らせずばなるまい——短かい文句じゃ承知しないのだから。私はお前の手紙をポケットへ入れて長い散歩をしてつくづく考え込んだ。——我々は或生活の時期の本来の意味を（その時期の中にある間は）殆んど意識しない様だ

（ニーチェ）

《お見舞い》

真剣な
いたわりを

病気やけがのお見舞いでは、忌み言葉に注意する。苦痛、死亡、再発を連想させる、「苦、死、滅びる、別れる、失う、重ねる、繰り返す」などは極力避ける。「不幸中の幸い」も不可。病人やけが人本人が使うのはよいが、見舞う側の使用は禁物だ。たとえ症状が軽くても、幸いなことは一つもないからだ。

しかし、こうした基本常識から外れても、すぐれた見舞いになる場合もある。夏目漱石は、気を病んで憔悴《しょうすい》する門下生に、こんな見舞いを書いた。

今の世に神経衰弱に罹《かか》らぬ奴《やつ》は金持ちの魯鈍《ろどん》ものか、無教育の無良心の徒か左らずば、二十世紀の軽薄に満足するひょうろく玉に候。もし死ぬならば神経衰弱で死んだら名誉だろうと思う。

魯鈍は愚かで頭の働きが鈍いこと。ひょうろく玉はまぬけのことだ。スパイスの効いたユーモアは、時代を超えて、現代の世相の中で気を病む人にも、力強い励ましになると思われる。

漱石は病人を少しも責めず、逆に病人を暗に称讃《しょうさん》し、病んだ心を真剣にいたわっている。

お見舞いにはこの真剣ないたわりが必要だ。忌み言葉を避け、言い回しに注意するだけでは、相手の心を癒やせない。病の床に伏す人は、見舞客の足音でその本心を知る。儀礼の見舞いか、心からのそれかを。病に傷ついた心は鋭敏だ。だからお見舞いの**手紙**も、ゆめゆめおろそかに書いてはならない。

俳人正岡子規は、まな弟子河東碧梧桐《へきごとう》が、天然痘で入院したとき、次のお見舞いを書いた。

…御入院まで相すめばとにかく安心いたし候ただ此上《このうえ》は気長く御養生なさるべく候不自由なことがあれば御申し越しくださるべく候

一月二十五日夜　子規

碧梧桐　詞伯《しはく》　床下《しょうか》

寒かろう痒《かゆ》かろう人にあいたかろう

詞伯は、詩人につける尊称で、床下は敬意をこめるために宛名に添える脇付けだ。本文の調子も含めて、たとえ相手が目下の弟子でも、丁重に、真剣に見舞っている様子がうかがえる。

そして、最後の添え書きは、まるで枕辺に寄り添い、額のタオルを取り換えてくれる母さんのようにあたたかい。

◉お見舞いのフレーズいろいろ

病気したり被災したり、さまざまな災禍にあったりした人には、心からの慰めるとともに、なんとか元気になってもらうための言葉を選びたい。

御子息正明様御戦傷との報　定めし御心憂と被存共々御愁《ママ》み申上候も　又思うに大任を完うせられて九死中御一生あるは　むしろ護天の御愛擁とも申上る可
（吉川英治）

御病気で御入院の由、驚きました。色々やはり御疲れが出た事と思います。私が東京にいさえすれば御見舞しますが、章子も御案じしています。早く御退院になるよう、私もいのります。
（北原白秋）

御近親御危篤の由にて、どなた様でございましょうか、不安でございます。御快復を神かけて祈って居ります。
（太宰治）

御臥床中のよし、寒気厳しき折から何とぞ御大事に願上げ候。拙句悪書多少なりとも御病間を慰め候わば幸甚と存候。
（芥川龍之介）

※解説・「臥床」は、病気で床につくこと。

只今新聞の夕刊を見て実に驚いた　御令息正太郎様立山にて御遭難の疑あるの由　何とも申上げ様もない　貴兄御夫婦様いかばかり御心配又御力落の事と存じ御心中深く御察し申上げる　誠に御同情の念にたえない　人生の事真に今夕も計り知るべからず此世は唯不幸の為に造られ居る感がする

（西田幾多郎）

その後いかが？。この間は、手術後はじめての御手紙ありがとう。大層しっかり書けていらしたので、嬉しく安心しました。ほんとに苦しかったでしょうとも——。よく我慢していらっしゃいました。すっかり直ったら、どんなにか快い日があなたをまっているでしょう。

（九条武子）

拝啓　御無事か。こちらは罹災だ。でも、家族一同、大元気だから御安心を乞う。甲府には、まだブドウ酒がある。大いに飲んでいる。…ゆうべ、お前と一緒に温泉ホテルでお菓子を食べた夢を見た。もう、なかなか逢えないね。大事にし給え。不尽。

（太宰治）

※解説・「不尽」は「不備」「草々」と同じ。

《贈答の添え状》

使い方
ていねいに

毎年中元・歳暮の時季になると、今年は何を差し上げようかと頭を悩ますが、そんなとき、品選びとともに添え状にも、大いに気を使わなくてはならない。

このところ、品は送るが添え状はナシといったケースも多くなった。それなりの品さえ贈っておけば、相手は恐縮するはず。先方がそう思っているとは考えにくいが、物だけというのはいかにもそっけなく失礼な気がする。やはり一言あいさつを添えるのがいい。

では、どんな内容が効果的かというと、日頃の厚情、支援などに謝意を示すだけでなく、贈答品の利用法を説明すると、よりていねいなあいさつとなる。

佳作「五重塔」で知られる明治の文豪幸田露伴《こうだろはん》は、海苔《のり》を贈って、こんな**手紙**を添えた。やや読みにくい候文なので、現代語に訳して紹介する。

つまらないものですが、ほんのお笑い草までに、伊豆の仁科《にしな》の海苔をお送りいたします。わざわざ食卓に上げていただくような品ではございませんが、少し焦げ過ぎるぐらいに火であぶって、これをもみ、さっと熱湯をたらしてから醬油《しょうゆ》をかけ、これを練ってから召し上がるか、またはあぶってからもんだ後、三杯酢で食べるのもよいということを、伊豆の人に聞いたまま申し上げますこうした気配りはこの**手紙**に限ったことではなく、露伴はいつもそうしていた。こんな添え状もある。やはり現代語訳を示す。

あやしいものを製造しましたので、どうか召し上がってください。ただし味はつけていませんので、何かのおつゆの中へなど入れて召し上がってください。しかし煮すぎると煮崩れするかもしれません。いずれにしても、変なところがお楽しみです。うまいかおいしくないかは、まだ私も試していません

露伴は多彩な趣味を持ち、平安時代の古典料理などにも精通していた。そんな彼が製造したあやしい料理が、豆腐か湯葉か不明だが、この添え状も、簡潔で行き届いていて、おまけにユーモアがある。

お中元から心が失われ、形骸化の傾向が強まる昨今だからこそ、これらの**手紙**をよく味わう必要があるだろう。

ただ物を贈るのではなく、懇切な利用法の解説を添えることにより、贈り物の芳香や旨《うま》みだけでなく、何よりも感謝が、何倍にも大きくなって相手に届くんだよと、露伴先生は教えている。

◉贈答の添え状のフレーズいろいろ

贈答の添え状には、送ったという事実だけでなく、友愛、感謝、お詫び、慰めなど、さまざまな思いを必要に応じてていねいに託すことが大切だ。

御礼のしるし迄に一部進呈仕
度と存候小包にて差《さし》出《だし》置《おき》候《そうろう》
間《あいだ》御《ご》落手《らくしゅ》被下《くだされ》度《たく》候《そうろう》
（夏目漱石）

御礼のため邪宗門以来の下画その他いろいろ
御贈り申候、御笑納ねがい入る。（北原白秋）

※解説・「笑納」は、納入をへりくだっていう言い方。お受け取りください、という意味。

達磨をかいて見たから君に達磨を贈ります
一枚は一寸紙がやれたので裏張をしました
どちらがよいでしょう　寿老人―福禄寿は
二枚の中どれでも山内君の好《このみ》に任せて同君
にさし上げて下さい
（西田幾多郎）

※解説・「やれた」のやれは、やれ紙のやれ。やれ紙は書き損じた紙のこと。ここでは破れた紙のことか。

御約束の手製の詩集がようやく出来あ
がりましたので　お送りいたします
それからあの御写真もたいへんおくれ
ましてさぞ御迷惑をおかけ申したこと
と存じますが同封いたしお返し申上げ
ます　二つの怠慢かさねがさねおゆる
し下さいますよう。
（立原道造）

広島の牡蠣少々。フライになさいましても、ようございますが、「酢ガキ」が一とうおいしうございます。鍋の中にカキを入れ、塩少々振りかきまわし、水を入れて洗い、ザルにあけて水を切りますと、海の臭味がとれます。ユズの酢と、お醤油をつけて召し上りますように。拝具　（鈴木三重吉）

奥州からもらいし鯛、岡様へあげんと内の者は申し候。何の面白味もない贈物、わざわざ君の内へ持って行くにも及ばずと申し候えども、内の者きかず。依って、別封の如し。（正岡子規）

心ばかりの御礼の御しるしとする事に致しましょう。（寺田寅彦）

同封為替御香奠のしるしまで御《お》送申《おくりもうし》上《あげ》候《そうろう》間《あいだ》何《なに》卒《とぞ》御《おん》納《おさめ》被《くだ》下《され》度《たく》伏《ふし》て冀上申候《こいねがいもうしあげそうろう》（永井荷風）

ロセッチの好い訳ですから旅であけてごらんになるようにと思い只今お送りします。（島崎藤村）

此間御婚約の御祝いのつもりで三越からハンドバッグお送りしましたがお受取り下されたかどうかお訊ねします（志賀直哉）

《贈り物へのお礼》

厚すぎず 薄すぎず

春は一般に贈り物へのお礼の手紙を書く機会が増えるのではないだろうか。入学、入社祝いはもとより、五月の端午の節句を前にして、なにかと贈答が繁く行われるからだ。

そこで、礼状を書くときの心得を調べてみた。昭和九（一九三四）年に出版された『作法《さほう》文範《ぶんぱん》古今《ここん》名家《めいか》書簡《しょかん》文《ぶん》大集成《だいしゅうせい》』という、由緒ある**手紙**の作法書に詳しい。

それによれば「謝礼の**手紙**」はまず、「礼厚きに過ぐれば阿諛《あゆ》に近く、薄きに過ぐれば失礼に当《あた》る」と解説している。

「阿諛」とは、相手の顔色を見て気に入るようにふるまうことだ。大げさ過ぎるお礼は、魂胆のあるすり寄りと誤解されるから注意が必要で、逆に度を越してそっけないと、せっかくお礼をしても、かえって失礼を届けることになってしまうというのである。

そして同書は、お祝い、ご馳走《ちそう》、お世話、贈り物へのお礼は、「心底から満足と感謝の念の満ち溢れたものでなくてはならぬ」と強く戒めている。

なるほどこの解説の通り、お祝い品を贈った側は、相手に「心底から満足と感謝の念が満ち溢れた」お礼を期待してやまないのが通例といえる。

そんな期待を裏切らなかった**手紙**を紹介する。

送信者はあの織田信長。信長四十二、三歳の頃、秀吉の妻ねねがご機嫌伺いのために土産物をたくさん持参し、日頃世話になっている主君を安土城に尋ねた際、その答礼として書かれた**手紙**の中に、次の言葉がある。

　こんどはこの地へ初めて越し、見参《けんざん》にいり、祝着《しゅうちゃく》に候。殊に土産は色々美しさ、中々《なかなか》目にもあまり、筆にも尽くしがたく候

このたびは初めて安土城に挨拶《あいさつ》に来てくれて嬉しく思う。ことにたくさんの土産はいろいろ美しく見事で、そのすばらしさは筆舌に尽くせない、という意味だ。

土産の詳細が不明なので、釣り合いがとれた謝辞か否かは判定しにくいが、お礼はこれぐらい大げさにいってもらえると満足する。ただし、時の最高権力者が部下の妻に向ける謝礼としては、幾分阿諛に近いとも思われる。心証を少しでもよくしようとする努力がうかがえる。いつの時代も多くの優れたリーダーは、しばしば部下の妻を味方にする戦略を選ぶようだ。

◉贈り物へのお礼のフレーズいろいろ

月並みなお礼、感謝の言葉だけではなく、いかに喜んでいるか、ありがたいかを、のびのびとした、生き生きとした自分らしい表現で伝えるのがいい。

トルコの烟草《たばこ》到着《とうちゃく》難有《ありがとう》プカプカふかし候。
（夏目漱石）

心にかけられたおくりものうれしく頂戴します　いつまでも忘れないでしょう。あなたの幸福を祈りながら
（竹久夢二）

では左様なら。もう一度贈物の御礼を申します。私の方は一層多く御礼を云はなくては。私の送った物が私にはどうもあまりに貧乏臭く思えるのですから。
（ニーチェ）

拝啓　大きな栗をたくさんに有難うございました。ほんとになつかしく信濃の土に触れる思いがしました。
（土田耕平）

フキノトウを難有うございました。
軽く茹でて食べました。珍らしい
風味です。私の庭に二つ出ていま
すが、とるのが惜しくて、見てく
らしているところでした。御礼ま
で　拝具
（鈴木三重吉）

さてこの度は酒器いろいろ雅《が》致《ち》ふかき
もの難有く拝受お礼申上候
（北原白秋）

※解説・「雅致」は、風流な味わい。上品な風情。

西村あや子様御作「ピノチオ」御恵贈に
預り難有く御礼申上げます（芥川龍之介）

※解説・「恵贈」は、贈ってもらうことをへりくだっていう言い方。

承れば同日は読売新聞社へ御入社
社員として初の御給料袋をえられし
とて　その記念に小生にまで小倉屋
の昆布を買うてお届け下さったよし
何とも有難度く近来のうれしき事の
一ツ也と家人とも芳情をかたりあい
たる事に御座候
（吉川英治）

《依頼と断り》

笑わせたら勝ち

いささか世知辛い話となるが、お金にまつわる依頼、断りの手紙について考えてみる。

まず、債権者側の依頼、すなわち督促状の傑作が、古くから伝えられているのでご紹介する。なお、文中の「くす」は、こちらによこす、という意味。

一金三両　但《ただし》馬代
右《みぎ》馬代　くすかくさぬかこりゃどうじゃ　くすというならそれで
よし　くさぬというならおれがゆく　おれがゆくならただおかぬ
かめのうでにはほねがある　亀より

馬の売り買いをしていた仙台の亀は、馬代をよこさないなら、自分が集金に出向き、ただではおかぬと圧力をかけた。脅迫的な督促だが、趣旨が明瞭なむだのない名文で、名調子がえも言われぬユーモアを醸し出す。

また、ロシアの文豪ドストエフスキーも、督促状を残している。ただし自分が借金を頼み、約束通りに送金がないので、しびれを切らして書いたものだ。

すぐ送るといって送ってくれないのは一体どうしたわけか。…僕は餓死したってどうなったたって構わない。だが妻は子供に乳をやっているのだ。…妻の困っていることも書いた以上、僕のみならず、妻も侮辱するものだ…侮辱だ、侮辱です

賭博常習癖ゆえの困窮なのに、夫婦愛や人間の尊厳をちらつかせながら、強弁、泣き落としなどを駆使した**手紙**だ。ウソ臭いが、窮状を具体的に訴えている点は、借金の依頼の基本が守られている。そして、この**手紙**にも、ユーモアがにじむ。

一方、送金の依頼を受けた側が、それを断る時には、次の夏目漱石の**手紙**が参考になる。

折角《せっかく》だけれども今貸して上げる金はない。…君の原稿を本屋が延ばす如《ごと》く君も家賃を延ばし…愚図々々《ぐずぐず》云《い》ったら、取れた時上げるより外《ほか》致し方ありませんと取り合わずに置き給《たま》え

知人の作家の貧窮をいたわりながらも、きっぱりと断り、親身に打開策を提案している所など、見習うべき点が多い。そして、この**手紙**もまた、明るいユーモアで包まれている。

お金の取り立ても申し込みも断りも、深刻になるだけが能ではなく、クスッと笑ったら負け、笑わせたら勝ちだ。

◉依頼のフレーズいろいろ

依頼を成功させるには、たとえ親しい間柄でも、相手に十分敬意を払い、うやうやしくていねいに、十分へりくだることが重要だ。決して軽薄に頼んではいけない。

御不都合なきかぎりはよろしく御《お》取《とり》計《はから》いを願います（夏目漱石）

茉莉《まり》がこんな事をしたとかいったとかいうようなことがあるなら何でもいいから書いておよこし。それから近所の子供と遊ぶなら誰と遊ぶとか誰をいやがるとかいうようなことも書いておよこし。（森鷗外）

就ては甚だ恐れ入りますが御聞及びの事は何なりと御通知を願います。（内村鑑三）

それから御手数ながらもう一つお願いいたします　研究社の新刊書中の佐藤清著のT・Sエリオットの詩・研究を一冊神保町の御店に頼んで御送り下さいますまいか　二十九日までにほしいのですが（西田幾多郎）

誠に我儘のみ申上失礼で御座いますが何卒御寛容を願います」渋柿五月号も同封致置ます、御笑覧を願います」　右御願迄草々申上ます」
（寺田寅彦）

※解説・「笑覧」は、見てもらうことをへりくだっていう言い方。

御面倒でもお願い出来ますか　お断りは少しも差支えありません。（志賀直哉）

昨晩はちと用があって御先へ一足失礼しました　不悪《あしからず》諸先生へ御とりなし下さい
（芥川龍之介）

毎度恐縮ですが例の原稿用紙残りすくなになりましたから、二千枚ほど刷って頂きたく存じます。もし御多用でしたら右は渡邊君を煩はし御届け下さるよう願います。御願いまで、草々。
（島崎藤村）

是非とも御快諾のほど折入ってお願いたします。（北原白秋）

※解説・「折り入って」は、ぜひとも、という意味。

突然こんな事を申上げるのは少々恐縮ですが私をあなたの方の社の社員にしてはくれませんか　私は今の侭《まま》の私の生活を持続して行く限り　とても碌な事は出来そうもない気がするのです
（芥川龍之介）

【断り】

理由示し
きっぱりと

「いやよいやよも好きのうち」――本当はうれしいのに、一、二度は拒否し、プライドを保つのが人の常。だからすぐに諦めずにもっと押せという俗信だ。これを根拠に厚かましさを発揮する人が依然後を絶たない。曖昧に返事をすればつけこまれる。嫌ならきっぱりと断るのが、断りの**手紙**の第一要件となる。

しかし拒絶により、心ならずも依頼者の期待を踏みにじることになるわけだから、礼儀として、相手の落胆への配慮も忘れてはならない。というのが、断り状の第二要件だ。

夏目漱石は、文学博士の学位を次の**手紙**で辞退した。

博士会で小生を博士に推薦されたに就《つい》て、右博士の称号を小生に授与になる事かと存じます。然《しか》る処《ところ》小生は今日迄《まで》ただの夏目なにがしとして世を渡って参りましたし、是《これ》から先も矢張《やは》りただの夏目なにがしで暮したい希望を持って居ります。従って私は博士の学位を頂きたくないのであります。此《この》際御迷惑を掛けたり御面倒を願ったりするのは不本意でありますが右の次第故《ゆえ》学位授与の儀は御辞退したいと思います。宜《よろ》敷《しく》御《お》取計《とりはからい》を願います

この**手紙**は二つの要件を満たしている。断る理由を丁寧に書き、

相手の不満を気遣いながら、はっきりと断った。

しかし、同じ漱石でも、実にそっけない断り状を出すこともあった。首相西園寺公望を中心として、当代の一流文士が集う雨声会に招かれた作家たちが、その答礼について相談する重要な集まりが開かれることになった。この案内状に対して漱石は、次のように断った。

当日は無拠処《よんどころなき》差支《さしつかえ》有之《これあり》出席仕《つかまつり》兼《かね》候《そうろう》

やむをえない事情により、出席いたしかねます、という意味だ。もとより雨声会にも欠席した漱石は、首相の人気取りに利用されることも、逆に権力を利用することも好まなかった。

あるいは松尾芭蕉の断り状にも、こんなものがある。

今晩俳諧御《お》催《もよおし》之《の》所《ところ》傘無之《これなく》候《そうろう》間《あいだ》不参《まいらず》候《そうろう》

今晩句会を催されるようですが、傘がないので参りません、という意味。傘がなければ借りればいい。他の事情で行く気がなかったに違いない。

断る理由の中に、ひそかに言いにくい思いが託される場合もあるようだ。

◉断りのフレーズいろいろ

断るときはきっぱりと断るが、相手の気持ちを少しでもザラつかせないような断り方を工夫して、礼を尽くすことが何よりも重要だといえる。

病中でございますので残念ながら御依頼の原稿お断りいたします（寺田寅彦）

御手紙拝見しました　この頃仕事を始めましたので午前中は一寸とむつかしい　午後からでよい所ではないか　若しそうなら天気がよければお伴してもよいと思うが　その時の天気具合にて（西田幾多郎）

私は式には参詣いたしたいと思うが後の長い酒宴などにはなるべく御免を蒙りたいと思う　いかがのものにや　我儘《わがまま》をいう様ではすまぬが若し左程失礼でもなければその辺を御許しを得て参詣いたしたいと思います（西田幾多郎）

折角の御依頼ではありますが、お許し下さるようお願いします。福永氏へも右の旨お伝え下さい。（島崎藤村）

拝呈　馬場《ばば》先生推薦状に小生の名義御使用の儀は少々困却の義《ぎ》に付き御免被下度《ごめんくだされたく》乍失礼御断申上候《しつれいながらおことわりもうしあげそうろう》（永井荷風）

※解説・「困却の義」は、困り果てたこと、という意味。

それから金だが、私は今五十円の金もない。会員七千二百名が六千円も滞納している。そのため、八方で借金をしている。ハマと額を集め、君のため工面の方法を議したが、借りに行くところがない。私の借金がかえしてないからだ。（鈴木三重吉）

無理にお座なりな事を書くのも厭なのでお断りします（志賀直哉）

東京座は右の訳だから今度は御免を蒙ります（夏目漱石）

作家詩人が何々文化会だの研究会だのの委員になって、大いに講演やら座談会やらに出張して歩きまわっているようですが、私は津軽の奥に引込んで、そのような事はいっさいお断りしています（太宰治）

生憎《あいにく》きょうは在宅して客に接する日につき参りたくも参られません　どうか不悪《あしからず》おゆるし下さい（芥川龍之介）

《被災の通知》

淡々と
無事伝える

「天災は忘れた頃にやって来る」という言葉をのこし、後世に警鐘を鳴らし続けるのは、物理学者で随筆家の寺田寅彦だ。彼は自ら大正十二（一九二三）年九月一日の関東大震災に遭遇し、次の**手紙**を書いた。

私は当時丁度《ちょうど》上野の二科会展覧会に居ましたが幸《さいわい》に無事宅へ帰って見たら屋根瓦が二三枚落ちて砕けて居たり壁に亀裂が入って土が少し畳にこぼれて居た位で家内一同無事　其後《そのご》の火事も幸に此《ここ》辺迄《あたりまで》は来ず、其他《そのほか》にも何等《なんら》の損害もなくてすみましたからどうか御安神《ごあんしん》を願います

あの未曽有の被害をもたらした大震災も、さしたる規模ではなかったような気さえしてくる。淡々と自分と家族の無事を伝え、相手を安心させた。

一方、東京田端で大震災に遭った芥川龍之介は、こう伝えた。

東京は地震後の火事の為《ため》大半焼《やけ》野原になってしまった。その惨害の程度は到底見ないものには想像出来ない。…地方から来た人は続々ひき上げる。もう百三万人去ったよし。東京の人口二百万の半分だ

寺田とは異なり不穏な状況におののく様子があらわで、読み手を少なからず不安にさせる。包み隠すところのない実情の報知が大切な場合もあるから芥川のが劣っているとはいえないが、趣はかなり異なる。

無論寺田が惨状を知らなかったわけではない。彼の日記に次の記述がある。

九月一日…火事の煙が渦巻いて登るのが見る見る積雲になって湧き上がる…電車通《どおり》は避難者の露宿《ろしゅく》で一杯…火事は何時収まるとも見えず

九月二日…明治大学前には黒焦《こげ》になった死体にトタン板がかぶせてあった…井戸に毒を投入するとか、爆弾を投げるとかさまざまな浮説《ふせつ》がはやって人心が落着《おちつ》かない

公務として震災後の調査にあたった寺田は、誰よりも詳しく災禍の爪痕を確認したが、あえてそれを通知しなかった。

本来いたわりを求める側の立場の人が他者をいたわると、人品の輝きが増す。寺田の通知に清潔な美しさがほのかに感じられるのは、そのせいだと思う。

◉被災の通知のフレーズいろいろ

無事や復旧、復興の見通しなどを明確に伝える。悲惨な状況、深刻な見通しの報告はできるだけ控え、相手の心配、不安を少しでも和らげるようにする。

命だけはとりとめました。何分の御援助を仰ぐこと切なり／ふしぎに命はとりとめました（竹久夢二）

先日の落雷に、御心配いただきまして恐れ入りました。こはいよりもびっくり致しました。火の玉が目を射ると同時に、たたきつけた様な音、あとの異臭、それで落ちたことがわかりました。でも何のさわりも御座いませんから、御放念遊ばしていただきます。（九条武子）

※解説・「放念」は忘れること、安心すること。

此宿屋も六月二十八日夜半に至り同市空襲の際焼失致し後楽園外の旭川へ逃げ行き九死に一生を得たる仕末（永井荷風）

昨夜浅間山大いに鳴動し、戸をあけて外に出て見れば、まっ赤なる煙、去年の震災の火事の如く立ち居たり。灰少々ふる。今日は爆発を恐れ、帰京する人多し。（芥川龍之介）

今度の地震は東京ではそう大した事はなかったのです。地面は四寸以上も動いたが振動がのろくて所謂加速度は大きくなかったから火事さえなかったら、こんな騒ぎにはならなかった、死傷者の大多数はみな火災の為であります。（寺田寅彦）

皆さん御無事ですか、こちらはあっと思ううちに全市の家屋が倒壊して火災になって了っていたのです。私どもも三人とにかく命からがらで飛び出しました。少々頭に怪我はしたが無事です。（北原白秋）

私は「神経」は大丈夫だけれども、酒を飲みに出かけられなくて、困る。空襲のたんびに、子供の世話で、家から出られません。芝居見ましたか。先日は空襲で、神田の印刷工場がやられて、私の出るばかりになっていた「雲雀の聲」が全焼したそうで、少しくさりました。（太宰治）

幸《さいわい》被害も少く一同無事でございました。二日の明方には飯倉一丁目まで火が来ましたが、これもようやく止まり、類焼をまぬがれました。（島崎藤村）

此所は空襲の方は東京でも最も安全で妹達の荷物なども沢山あずかっていますが、恐しいのは混乱状態です、大体混乱状態というのはどういう事になるのか、それさえも分らず、何となくいやな気持がしています（志賀直哉）

《置き手紙》

短さゆえの余情

家庭内の**手紙**のやりとりといえば、置き**手紙**がある。「六時までに帰ります」「洗濯物を入れておいてください」など、ちょっとした連絡や用件を家族に伝えるために書くメモだ。また、ときには一家の命運を左右する重大な決意を通知することもある。

私事で恐縮だが、かつて後者の置き**手紙**を食卓の上に発見し、頭が真っ白になった経験がある。

その置き**手紙**曰《いわ》く、「しばらく一人でやってみます。探さないでください」。

当時中学三年の娘の家出宣言だった。

娘の交友関係に尋ね、血眼になり足を棒にして立ち寄りそうな場所を捜し回ったが、行方は杳《よう》として知れず。いよいよ万策尽きて夕刻警察に届けようかと思ったちょうどそのとき、何事もなかったように本人は涼しい顔で悪びれるようすもなく帰宅し、半日の家出劇の幕が閉じられた。

人騒がせな家出宣言はさておき、一般に置き**手紙**は、気心が知れた家族に宛てられたとき、短い言葉の佳作、傑作、珍作を生み出すことがある。こんな例がある。

お爺《じい》ちゃんには気をつけて。パチンコ代はもうあげました
嘘《うそ》つきなおじいさんを念頭に置いた、家族への注意喚起だろう。
先に寝ます。ナゼ！　胸に手を当て考えましょう
後ろ暗いことがありそうなご主人への脅迫状に違いない。
クズへ　風邪に効くから酒カスの甘酒を作ったよ　カスより
互いをクズ、カスと呼び合う口の悪い姉妹の愛情表現だ。
置き**手紙**はすぐに捨てられ後世に伝わる例は少ないが、稀《まれ》に次のようなものが残ることもある。
宮沢賢治が黒板に書いた一文だ。
下ノ畑ニ居リマス　賢治
花巻農学校を退職し、農耕自活を教える塾のようなものを始めた際、来訪者に不在を知らせるために書かれたようだ。
ただ事実だけを伝えているのに、えも言われぬ趣が感じられるのはなぜだろう。
切り詰めたさりげない一言を、かけがえのない生活の一場面にそっと置くと、限りなくいとおしい輝きを放ち、妙《たえ》なる余情をたたえることがあるようだ。

◉最期の手紙

人生への置き手紙、それは最期の手紙だろう。時系列の最後ではなく、晩年に書かれた忘れ形見としてふさわしい名士たちの手紙、日記を、いくつかここに紹介する。

風の中を自由に歩けるとか、はっきりした声で何時間でも話ができるとか、じぶんの兄弟のために何円か手伝えるとかいうようなことはできないものから見れば神の業にも均しいものです。（宮沢賢治）

知る人もなく、魂はよるべなくふるえている。しかし僕は僕の運命を愛する。（立原道造）

変な事をいいますが私は五十になって始めて道に志ざす事に気のついた愚物《ぐぶつ》です。其《その》道がいつ手に入るだろうと考えると大変な距離があるように思われて吃驚《びっくり》しています。（夏目漱石）

男に会いたい人なし。女はぜったいにうるさし。ただひとめ逢いたいなぞもなきこそよけれ。金もらいて絵かかぬおいめも御免なさんし。ゆかた一重さえ心におもたし。（竹久夢二）

唯《ただ》自然はこう云う僕にはいつもよりも一層美しい。君は自然の美しいのを愛し、しかも自殺しようとする僕の矛盾を笑うであろう。けれども自然の美しいのは僕の末期の目に映るからである。（芥川龍之介）

酒と女性と仕事でメチャクチャで、まるで御ぶさたして、そのうちおわびに阿佐ヶ谷の御宅に伺い、無理矢理ひっぱり出して、某所に御案内して、痛飲したいと思います…三鷹駅南口まっすぐに百メートル、川岸にウナギ屋がございまして、そこの主人公にたずねると、私の居所かならず判明いたします。（太宰治）

第二章

思いを伝える

【ラブレター】

言葉少なく
詩的に

昔、紀州の農村に、こんな風習があった。恋をした青年は、小石に松葉を結び、若い娘に贈った。

そのココロは、恋し《小石》く待つ《松》。

無口な青年の切なる願いに、たとえば娘がはにかみながら小石を投げ返したら、そのときが恋の始まり、というのはすがすがしい。

小石は礫《つぶて》ともいい、返事がない意味のナシノツブテの語源となった習慣、という説もある。

もとより日本人は、恋文においても冗舌より寡黙を好み、思いの深さや大きさを、わずかな言葉に託した。そんな日本人が好きな**手紙**の一つに、太宰治のラブレターがある。

拝復　いつも思っています。ナンテ、へんだけど、でも、いつも思っていました。…僕はタバコを一万円ちかく買って、一文無しになりました。…一ばんいいひととして、ひっそり命がけで生きていて下さい。

近況を含む何気ない返信だが、本文の欄外の下に、小さくこう添えられていた。「コイシイ」

夏目漱石もロンドン留学中に、新妻に**手紙**で短く告白した。

おれの様な不人情なものでも頻《しき》りに御前《おまえ》が恋しい

率直で初々しく好感が持てる。しかし、漱石の愛の表現の理想は、もっと間接的でシャレたものだった。英語の教師をしていたとき、「I love you」を学生は「吾汝《われなんじ》を愛す」と訳したが、漱石は「月がきれいですね、と訳すんだよ」と注意したとか。

そして、肺病にかかり、運命を知った二十四歳の天才詩人立原道造は、十九歳の婚約者に、以前二人で訪れた軽井沢の高原から、こんな**手紙**を送った。

この叢《くさむら》はどの叢にもまして僕には美しい…ここをおまえに**手紙**を書く僕の緑いろの机にしよう

漱石の翻訳同様、愛していると言わないのに、伝わるものが大きい至高のラブレターだ。

ちなみに、この手紙を書いた翌年入院した立原は病床で見舞い人に注文し、楽しく困らせたと伝えられている。

五月のそよ風をゼリーにしてもってきてください

この詩的な願いもまた、余情豊かなラブレターを書くときの、貴重なヒントになる。

◉ラブレターのフレーズいろいろ その1

作家として名を成した人々も、恋の手紙では、驚くほど率直だ。そして、ときにぎこちない。けれど、どのラブレターも相手への誠実さにあふれている。

僕には、文ちゃん自身の口から　かざり気のない返事を聞きたいと思っています。繰返して書きますが、理由は一つしかありません。僕は　文ちゃんが好きです。それだけでよければ　来て下さい。

（芥川龍之介）

夏にはあいましょう。今はあまり人々の視線が強すぎて私は目がくらみそうですから。そして妬《ねた》みの焔の中に貴方《あなた》を入れ度《た》くないから。

（柳原白蓮）

もし私があなたに結婚を要求するものと仮定したら、あなたはこれに何と答えられるか。

（平塚らいてう）

写真を出して、目に吸い込むようにして見ています…食いつきたい！　（斎藤茂吉）

手紙はやっぱりいけない。会って下さい。僕は色々話さなければならないような気がします。…思っていることを、うまく書くことができません。会って下さい。そして話しましょう。御身体に気をつけて下さい。　（坂口安吾）

話したいことよりも何よりもただ逢うために逢いたい。　（竹久夢二）

今度逢わばお前様を殺すか、一生忘れられぬほどの快楽の痛手をお前様に与えるか二つに一つにて御座候　（北原白秋）

私の今生きているのぞみは、あなたを一目見ることです。あしたは来てくれるか、その次の日にも来てくれるかとそればかり考えて、外の事がちっとも手につかないのです。　（佐藤春夫）

《恋文のススメ》

全心を打籠めて書く

「初恋の味」というキャッチフレーズで乳酸飲料「カルピス」が登場したのは大正時代のことだ。その当時鎌倉の由比ガ浜は正式に町営海水浴場に指定され、多くの海水浴客が訪れるようになる。そこでカルピスは昭和初期、企業として海の家をここに開設し、リゾートの初恋をバックアップすることにした。

あいにくカルピスの海の家ではないが、同時期同じ由比ガ浜にキャンプ・ストア（海の家）をオープンさせた明治製菓のあいさつ文があるので紹介する。

益《ますます》おすこやかにおいでの御事《おんこと》とおよろこび申し上げます。またいのちの夏がめぐってまいりました。今年はどうお過ごしでございますか。さて今度私どもで、鎌倉由比ヶ浜イナセ橋畔《きょうはん》に簡素なキャンプ・ストアをもうけました。やわらかいさざなみのうみ、まっしろに泡立つうしお、おりなす濃藍のうず——光と笑《えみ》と舞踊と、すべての夏のよろこびを集めて、鎌倉は今海の天地です。海水浴の御休憩に、朝夕の御散策のおりおりに、どうぞ御立寄り下さいますようお待ち申し上げます。

すべての夏の喜びの中には、当然恋も含まれる。そして、夏と恋が結びつくのは、何も青春時代に限ったことではなかろう。昨今は中高年の婚活も盛んで、恋文の一つもものして相手の心を得ようとする方々も多いはずだ。

そこで、恋文を書くことをためらっているあらゆる老若男女に、勇気の出る記事をご紹介しよう。

断じて恋はなすなと言っても当然の生理的現象である限り、誰が何と言っても妨げる事は出来ない。大いに恋をせよ。而《しか》して大いに恋文を書け！　恐らく恋文ほど一生懸命に魂を打込《うちこん》で書けるものはこの世にないのであるから。その機会を恵まれたを幸い、全心を打籠《うちこ》めて書くがいい。不幸、失恋したとしても、諸君は「**手紙**のコツ」を会得した事丈《だけ》は必ず後になって心付くに違いない
（『書簡文大集成』昭和九（一九三四）年発行より）

恋を生理現象と決めつけるのはどうかと思うが、恋文、大いに書くべしには賛成したい。たとえ失恋したとしても、「**手紙**のコツ」は得られるのだし。

では、**手紙**のコツとは何か。いうまでもなく「全心を打籠めて書く」ことである。

◉ラブレターのフレーズいろいろ　その2

交際をスムーズに進めるためにラブレターは書かれる。しかし、思いが強すぎて表現がスマートさを欠き逆効果になることもある。それまたラブレター。

私は精一杯、出来るだけのことをして人を愛して見たいので、又その人を私の愛で動かして、その人から愛されて見たいのだ。それが私の一生の目的だった。（佐藤春夫）

私に取りましては芸術のためのあなた様ではなく、あなた様のための芸術でございます、もし幸いに私の芸術が後世まで残るものならばそれはあな《ママ》様といふものを伝えるためと思召して下さいまし（谷崎潤一郎）

実はあなたの力になってそれで孤独のあなたをなぐさめてあげたいと思って居った自分がかえってあなたの懐ろに飛びこみたい気持なのですが　自分も一個の男子として　そんな弱い姿を見られるのは恥づかしくもあり　又あなたの信頼にそむく次第でもあると思って　ただ寂しさを感じるのです（山本五十六）

この頃ボクは文ちゃんがお菓子なら頭から食べてしまいたい位可愛いい気がします　嘘じゃありません

（芥川龍之介）

あなたの自画像の前で私は静かに読書しています。けれど、ふとしたことで私の心はたちまち烈しく波立ちます。そしていつか同じ頁ばかりみつめています。

（平塚らいてう）

同じ思いでおります。二月の二十日頃に、そちらへお伺いいたします。そちらで二、三日あそんで、それから伊豆長岡温泉へ行き、二、三週間滞在して、あなたの日記からヒントを得た長編を書きはじめるつもりでおります。最も美《かな》しい記念の小説を書くつもりです。

（太宰治）

どうしていつあってもこんなになつかしくこいしんでしょう。

（斎藤茂吉）

僕に信じられないくらいの　不思議な美しい夏。それは、もうふたたびはくりかえしも出来なければ語ることも出来ないだろう。ただ出発だ！　一層ふかくどこへ？　おまえへ！　「僕ら」へ！

（立原道造）

清さんの顔を見ないで清さんと話しをしないで寝て起きて今夜まで来た。今夜もまたねて明日はまた起きる。寝ても起きてもまだまだ清さんには会えない。

（内田百閒）

《お祝い》

喜びの内容見極め

親しい友や知人が結婚を決めた。新たな門出を祝うには、どんな**手紙**がふさわしいか。

佳作「武蔵野」で知られる文豪国木田独歩は、友人の結婚をこう祝った。

謹んで御結婚を祝し候…さて我が友よ　これよりぞ君が新しき生涯は始まるなり　謹んで君が前途の益々《ますます》幸福なるべきを祝す

同様に太宰治も礼儀正しく結婚を祝した。

拝啓　けさはうれしいおたよりいただきました。おめでとうございます。今日までのおふたりの精神的の御苦闘も、これから神様のごほうびに依《よ》り、十分に報いられることを、信じます

どちらの**手紙**も、さわやかでおごそかな喜びに包まれる二人に、ぴったり身を添わす配慮が心地よい。

一方、夏目漱石の祝い方は、一味違う。

愈《いよいよ》御慶事があるそうだ。甚だ結構である。然《しか》も浮名の立った女とは大いに羨《うらやま》しい次第だ

ことさらにうらやむポーズをとって、相手のプライドを満たした。祝われる本人は、他人が思う以上に喜んでいるものだ。そこを踏ま

えて書くのも肝心。

独歩、太宰、そして漱石らの気遣いが必要なのは、なにも結婚祝いに限ったことではなく、他の祝いも同じだ。

夭折《ようせつ》の天才詩人石川啄木の出産祝いも、思いやりが深い。

おめでとうございます。はじめは女の方がいいという事ですよ。生まれたという知らせは好い気持ちなものですね。……生まれたという葉書《はがき》みて、ひとしきり、顔はれやかにしていたるかな。

女子誕生をやや悔やむ相手をそれとなく慰めながら、わが事のように喜んだ。

以上の四人が発した同調や同情の言葉は、それほどユニークとはいえない。ごく普通といえば普通。しかし、お祝いの**手紙**にありがちな軽薄なリップサービスに終わることなく、いずれにもあたたかな誠意がある。

そう感じられるのは、この四人の言葉の芯に、相手の喜びの内容をていねいに見極めようとするきめこまやかないたわりの気持ちが、十分に詰まっているからだ。

◉結婚・出産祝いのフレーズ

後悔はつきものでも、とりあえず結婚は人生最大の慶びごとの一つ。最大限の祝意を贈るのがよい。そして出産も同様に最高の祝意を伝えたい。

結婚する事は小島に聞いた。君の為にこの位喜ぶべき事はない。（芥川龍之介）

結婚によりて開けたる君が新しき生涯…「家庭は絶対の自由を許さず、ただ譲歩によりて発達す」とある人申侯。この言、味うべく候。（島崎藤村）

女子御出生の趣《おもむき》大賀《だいが》の義に存候固《もと》より天の賜う所何ぞ雌雄に因《よ》りて喜の大小を為すべき母子共に健全ならば即ち大慶たるべきに御座候（尾崎紅葉）

※意味・女の赤ちゃん出産とのこと、大きな慶びの出来事と思います。もとより天がくださるものですからどうして男女によって、慶びの大きさを違える必要がありましょうか。母子ともに健康ならば、それこそが大きな慶びでございます。

新年の御慶《ぎょけい》目出度《めでたく》申納《もうしおさめ》候《そうろう》今度は篠原嬢と御結婚のよし謹んで御祝い申上候

（夏目漱石）

自家の事にとりまぎれ御結婚のお祝い申す事も怠り失礼しています

（志賀直哉）

御結婚の由、誠に目出度御安心の御事奉祝候《いわいたてまつりそうろう》

（福沢諭吉）

あかん坊が生れたそうで御目出とう御座います　しかも男の子だそうで猶更《なおさら》結構です　名前はまだつかないですか　八月の三日に生れたから八三は如何です、安々と生れたから安丸（ヤスクウまレル）では不可《いけ》ませんか

（夏目漱石）

《お礼状》

まごころを倍返し

来た！　来た　来た!!　有難《ありがと》うございまする

これは小説「金色夜叉」で有名な尾崎紅葉が、マツタケをもらって書いたお礼の**手紙**。生き生きとした感謝が伝わる傑作だ。

礼状は紅葉にならい、感激を返すのが一番。しかも感激は、大きいほど、贈り手の喜びも増える。

いわゆる倍返しがちょうどいい。

見返りをあてにしてはいけないと思いながらも、ついつい深い感謝、厚いお礼を期待するのが人の常だから。

そして、さらに大切なのがお礼のタイミング。厚意を受けたらすぐに、が鉄則だ。

時間がたつほど感謝の鮮度がどんどん落ちる。

夏目漱石の次の礼状もすぐれたお手本だ。

拝啓　大きな鮎《あゆ》を沢山《たくさん》頂戴《ちょうだい》甚《はなは》だ以《もっ》てうれしく只今《ただいま》台所でぐずぐず煮て居る所是《これ》から晩食に食う筈《はず》である。あんな大きな奴《やつ》は先年箱根のどこかで食ったぎり見た事もない…右鮎の御礼迄《まで》　草々不一

「頂戴」は「ください」ではなく「いただいた」という意味。贈り手の自慢は大きさと量だから、「大きな鮎を沢山」と、まずその点に

大いに驚く。「只今台所でぐずぐず煮て居る所」と、すぐに調理に回し、晩飯が待ち遠しいと臨場感を伝えるのは、即座の返礼をも物語り、丁寧だ。

島崎藤村は、**手紙**についてこう言った。

好《よ》い手紙を人から貰った時ほどうれしいものはない。感情の籠《こも》った手紙は、ほんの無沙汰の見舞《みまい》のようなものでも好ましい。それが何度も読み返して見たいような、こまかい心持までよくあらわされたものであれば、なおなお好ましい。…何も言い回しの巧みさを求めるでもない。沢山な言葉を求めるでもない。真情が直叙《ちょくじょ》されてあって、その人がよくあらわれていればと思うのだが、そういう手紙もすくないものだと思う。

手紙もメールも基本は同じ。真情の直叙、すなわち、まごころをストレートに伝えると自分らしさも表れ、相手により大きな思いが届く。

紅葉や漱石の礼状がみずみずしい礼意に満ちているのも、言い回しの工夫のみならず、心底からの感謝、まごころの直叙があるからにほかならない。

◉お礼のフレーズいろいろ その1

さりげないお礼の言葉に人柄がにじむあいさつが魅力的だ。自分の言葉で自分らしく書くことができれば、格別な謝意を伝えることができる。

君の御蔭にて閑庭未だ花絶えず日々寂寥を慰す。（夏目漱石）

※意味・君のお陰で静かで殺風景な庭に今も花が絶えず咲き、毎日寂しさをなぐさめてくれる。

八サク蜜柑澤山に頂きました　お志嬉しく思いました　御礼申上ます　（志賀直哉）

紅《べに》のようなる桑《くわ》の実一篭《かご》、雪のようなる塩、一斤《いっきん》ばかり御《お》こし下され、忝《かた》じけなく存じ候　（松尾芭蕉）

※解説・門人から援助を受けたときの礼状。一斤は約六百グラム。「忝い」は、感謝にたえない、という意味。

御厚意に対してだまっているのはわるいと存じまして一言お礼を申上ます　（夏目漱石）

只今は珍しきもの御送り下され誠にありがたく御礼申上候

（永井荷風）

何よりの梅干お送り下されありがたく存じます。…当分お送り下ったものを毎朝の友として、その度に御地《おんち》のことを思い出すでしょう。

（島崎藤村）

私の誕生の御祝を難有う。…誕生日の加わる事を寧ろ苦笑を以て迎えねばならぬ私ですけれども、その日に依って私を思い出して下さる友のあるのを知る事は私の心を暖めます。

（有島武郎）

お陰様にてどんなに助かったか知れません。

（小川未明）

昨夜は御かげにて久しぶりに豪華な心にかえり難有存候《ありがたくぞんじそうろう》。

（北原白秋）

《謝辞》

「ありがとう」以外の工夫

冷房のない仕事場は、現代日本にどれほどあるのだろうか。少なくとも一室はある。私の書斎だ。酷暑に耐えるために、数年前からグリーンカーテンを始めた。

東京都台東区根岸にある子規庵《あん》で求めたヘチマの種を、南向きの硝子《ガラス》戸の外に植え、青々とした大きな葉により直射をさえぎるとともに、目に美しい涼を得ている。

病に効くとされたヘチマの汁も、正岡子規を救うことはなかったが、彼が夏季毎日眺めたヘチマかと思えば感慨深い。

そして、その葉を通った緑色の光を浴びながら仕事をすれば、**手紙**巧者の子規の霊験に浴することにもなる気がして、毎年欠かさずこのカーテンを続けている。

何年か前の六月の初めにヘチマの種から双葉が出て、やがて蔓《つる》がにょきにょき伸び始めたころ、あまりに苗が増えすぎたので、近くに住む詩人、郷原宏氏に、電子メールで二十株ほど引き取ってほしいと持ちかけた。

すると嬉《うれ》しい返事がすぐに届いた。感激したのは謝辞が新鮮だったからだ。

「ありがとう」「お礼をいいます」などの表現は一切ない。なのに謝意が甚だ深い。

もちろん改まったメールや**手紙**では、「ありがとうございます」「感謝します」など、一般的で無難なあいさつを利用するのがよいが、親しい人からお中元などを受けたときには、次の郷原氏の謝礼メールが参考になる。

今年のグリーンカーテンは何にしようかと家内と相談しているところへ耳寄りのニュースが届きました。今年は断然へチマにします

きっと、「相談」などしていない。「耳よりのニュース」というほどでもないだろう。希少、高価なものではないのだから。さらには「断然」などと、きっぱり決めなくてはならない理由など、あるはずがない。

嘘《うそ》ばっかりと思いながらも、なぜか私の胸は幸せな気持ちで満たされた。

ときには、ありがとうや感謝しますを封印して、礼意を伝える工夫を試みてはいかがだろうか。

◉お礼のフレーズいろいろ その2

お礼は親しい相手に対しても、ていねいを極める必要がある。気楽に軽薄にお礼の言葉を並べると、礼意そのものの有無を疑われかねない。

昨日はいろいろ細やかな御介添え賜りまして御心入れ真に有がとう御座いました　（吉川英治）

※解説・「心入れ」は、配慮、気遣い。

なにぶんにも野人共　如何なものと懼《おそ》れ案じておりましたが　お蔭にてまずまずつつがなく御前退出をえて　御同慶にたえませぬ（吉川英治）

※解説・「つつがなく」は、遺漏なく、失敗なく。「御前退出をえて」は、天皇に拝謁したこと。「同慶」は、相手と同様によろこばしいこと。

先日はお出でくださってまことにありがとうございました。…ご来訪以来わたくしも気分大へん明るくなり昨日も今日も半日ずつ起きて今度こそはとわざと風に吹かれて見たりして居ります。（宮沢賢治）

過日来滞洛中は種々御世話様になり其上御馳走様にまでなり難有く厚く御礼申上げます（芥川龍之介）

※解説・「滞洛」は、京都に滞在すること。

ほんとに絵をありがとう。どんなによろこんでいるか知れません。（田村俊子）

過日は大勢で伺っていろいろ難有《ありがと》う。落日、満月、雪、霜、麗日《れいじつ》、あらゆる冬の眺めをほしいままにしたことで感謝します。（北原白秋）

※解説・「麗日」は、うららかな日。のどかな日。

かねて滞仏中拝借した金子がそのままになって居りましたが、最近の著作も売れましたから、二百円だけ只今御返し致します。はるばる御送金を願ったことを思出しますと、感謝の心が湧いて参ります。右御礼のみ。（島崎藤村）

大兄の如き天下の知己《ちき》を有する事は百万の大衆を味方に得るよりも心強い事で平生から感謝して居る次第でありますが此際特に難有《ありがたく》存ぜられ不取敢《とりあえず》右御礼を申上度と存じます（寺田寅彦）

※解説・「知己」は、自分のことを十分理解してくれている人。親友。

セルや毛布、早速御恵送、ほんとうに感謝いたして居ります。着物の柄も、気にいって、大よろこびなのです。おかげさまで、よい秋を迎えることができました。（太宰治）

※解説・「恵送」は、送ってもらうことを、へりくだっていう言い方。

男の友達と申しても今の身には貴兄と莚《えん》升《しょう》二人のみこの人達あらんかぎりは女なき身も老いて決して心淋しからずと何かにつけて唯唯感謝のみ致居候（永井荷風）

《旅信》

その地の香り添えて

楽しい昼がすぎると、又部屋部屋に電灯が点り、金色の夜が来る、なに一つとして苦しい事がない。…毎日、毎日、新しく始まる幸福な日々だった

茉莉《まり》という娘にこんな美しい思いを抱かせた父親は、文豪森鷗外である。

軍医でもあった鷗外は、公務で日本全国へ赴き、旅先からはほとんど毎日、子どもたちにハガキを送った。内容は短くさりげないものばかりだ。

たとえば明治三十三（一九〇〇）年の一月には、次の通り。

一月五日「マリチャンハナニヲシテアソンデイマス…」

一月六日「モウ十《とう》ネルトカエリマス」

幸福な日々はこんな旅信によっても支えられていたようだ。

なるほど、毎日のハガキは効き目が強い。しかし、まねできない。一通で旅信の効果を得るには、次の点に注意するといい。

まず、旅の楽しさを伝えること。たとえばこんなふうに。

すべり、ころび、走り、ころぶ、いったいどっちの時間が多いのか、…だけど面白いこと本当…

大正期の流行作家吉屋信子が、赤倉高原スキー場から送った便りである。このとき信子は二十代半ば。奇声を上げてゲレンデに大きな穴をこしらえながら降りてくる若い娘の姿が目に浮かび、ほほえましい。

そして旅信には、その地の気候、風物の香りをぜひ添えたい。

かつて力道山が、アメリカ武者修行の途上、ハワイからこんなハガキを送った。念のため説明すると力道山は、必殺技空手チョップにより、屈強な外国人レスラーを次々にマットに沈め、敗戦後の日本人を熱狂させ励ましたプロレス界のスーパースターだ。

其《そ》の後御変わり御座居ませんか　私は御蔭様で元気で毎日練習致して居ります…毎日暑いので海につかりぱなしです…又お**手紙**差上げます　では元気で　アロハ

「海につかりぱなし」は常夏のハワイを際立たせ、「アロハ」の一言が、この旅信をパラダイスの香りで包み込んでいる。

必殺の空手チョップを繰り出したハンマーのような右手は、旅先の気候、風物の香りを、ソツなく伝える、繊細な右手でもあったようだ。

◉旅信のフレーズいろいろ

旅に出たら、その地の景色、食べ物、酒を具体的に伝えながら、さまざまな旅情を伝えるのがよい。ともに旅をしている気分にさせるのがていねいだ。

湯どのは随分ひろく、湯ぶねも大きく、湯も沢山そここに湧きて、川の中にもうっかり泳ぐとやけどするほど沸き居り候。冬などは川から湯気が立ち、雪もあまり地上には積らぬよしに候。（幸田露伴）

河は小溝ほどの細流には候えど、葭《よし》、葦《あし》、河骨《こうほね》など茂り居り　なかなか詩趣有之候《これありそうろう》（尾崎紅葉）

あの翌日夜行にて出立《しゅったつ》、当地まで一睡もせずに来ました。東海道では桜が咲いていましたが此方《こちら》はまだ蕾が堅い。橋立の松林の中に草刈女が昼寝をしているのを眺めながら、中食の箸を執っています。（正宗白鳥）

秋田より帰りみち、最上川を下って酒田港に出で、そこより海上新潟へ廻り、二三日前より信州を歩いています。ここからなお一二ケ所寄って、多分十六日には帰ります。夏の旅行は面白いのと辛いのと半分半分ですネ、帰ってお目にかかりたく思います。信州松本にて　（若山牧水）

そこから大涌谷へ行った。傾斜のゆるい山路つづきだ。雪の中にある杉の林が、びっくりするような美しい緑をしていた。…雪が有難い程美しくて、踏むには勿体なかった。　（窪田空穂《うつぼ》）

鎌倉の物価の高いのにはあきれかえる。何でもぼるのにはかなわない。人間もああ虚心平気でぼれるようになるには余程修業が入るだろう　（芥川龍之介）

小諸より十三里の奥山に候。このいのゆうげはいわなの吸物、岩茸のひたしもの、こんにゃく、川上蕎麦、糀くさき新酒に候。人も馬も夕ぐれは絶えて水車の音のみ悲しくさびしく候　（小山内薫）

《決意表明》

未来と自分信じて

卒業、入学、就職、あるいは何かの節目に、**手紙**で新たな決意を効果的に伝えるには、どうすればよいか。

モーツァルトは、書き出しを工夫した。

父へ　今、私はやりたいことが沢山《たくさん》あります！

冒頭で、いきなりみなぎる意欲を表し、父親の心を浮き立たせた。

また、ベートーベンは恋文で、壮大さを印象づけた。

不滅の恋人よ…君に抱かれて魂を精霊の国に送ることが出来《でき》るまで、僕は遠くを彷徨《さまよ》う決心をした。…おお、神よこんなに愛し合っている者が、なぜ離れて居なければならぬのですか

相手を不滅の恋人と称し、精霊や神を持ち出すなどして、彼の楽曲にも似たスケールの大きさと迫力を際立たせ、悲恋をたえしのぶ強く誠実な意志を、余すところなく伝えた。

一方夏目漱石は、教師から新聞社への転職の誘いを断るとき、具体的に理由を述べた。

高等学校の教師のあるものは生意気である。生徒のあるものも生意気である。ある教師は余がやめればいいと考えている…こんな奴等を増長させては世の為《た》めにならんからやめぬ

筋の通った論拠を示し、丁寧を極めることも大切だ。

さらにもう一つ、読み手をうなずかせ、決意を確実に届けるために欠かせない要素がある。それは、夭折《ようせつ》の天才レーサー浮谷東次郎が、二十歳のときに書いた**手紙**に示されている。

昭和三十年代、十八歳から二十歳までアメリカを放浪した彼は、アルバイトで資金を得て、オートバイで大陸横断に挑むなどしながら、アメリカの大学に籍を置いた。しかし、出席日数が不足し、そのままでは退校処分になるとわかったとき、それを案じて卒業を願う家族に、「I'm not studying for graduation.…」で始まる英文の**手紙**を送った。和訳すると。

僕は卒業するために勉強しているんじゃないです。なんにもならない卒業証明書のためじゃなくて僕自身のため、僕の興味のために勉強しているんです。…僕は自分が信じないことに青春を費やす気はないんです。それに僕は本当の教育というものを信じているのであって、卒業を信じているんじゃないんです

未来と自分を信じる力が、人を説得し安心させるのだと、この**手紙**は教えている。

◉決意表明のフレーズいろいろ

毅然とした意志を清冽な言葉に載せて、相手にだけでなく自分自身にも訴え、その実行、実現を、相手と自分に約束するのが決意表明だ。

余は隣り近所の賞賛を求めず。天下の信仰を求む。天下の信仰を求めず。後世の崇拝を期す。此希望あるとき余は始めて余の偉大なるを感ず。（夏目漱石）

随筆は小生一家の事親類のことまでとまとめにして書きたき考も有之候これは貴兄だけへ内々抱負の一端申上候までにて　若し一両年中に実行出来れば結構の事と存ずるのみ（永井荷風）

親愛なるパパ
ぼくの感情をあらわすのには、音楽をつかう方がやさしいのですが、立派なコンチェルトでもぼくのパパに対する傾倒の気持を十分あらわすことはできません。ぼくの上長をうやまうやさしい感謝の念と心の底からの愛着を、心からほとばしり出た簡単な言葉でパパに伝えなければなりません。（ショパン）

私も、ことしこそは、名誉回復を立派にし遂げるつもりで、蟻の努力をつづけて居ります。（太宰治）

私は、固い決心をした。私は、オセアニアに永住するため、フランスを立ち去る。十二月にパリに戻ったら持物一切をどんな値段でもいいから売り払うつもり。（ゴーギャン）

ほんとうに、こんどは、私も固い決心をもって居ります。必ずえらくなって、お情に立派におむくいできるよう、一生、努力いたします。（太宰治）

右様の次第でいよいよ小生この頃引退の決意をかためましたことを御賢察願上ます（北原白秋）

※解説・「賢察」は、相手の推察を敬っていう言い方。

わたくしもいつまでも中ぶらりんの教師など生温いことをしているわけに行きませんから多分は来春はやめてもう本《ほん》統《とう》の百姓になります。そして小さな農民劇団を利害なしに創ったりしたいと思うのです（宮沢賢治）

庭にはいろいろの樹を植えました　柳　木蓮　海棠　桃　沈丁花　樫　木槲など　私は此等の花や樹を見て静に読書と思索に耽りたいと思います（西田幾多郎）

全部で千円程の追加で旅を終ってもらいたいと思います。帰国の旅費をも用意しておかねばならず、その為に例の当方の小庵の新築も当分見合せることに決心しました。人生の旅は互いにゆずりあって行くより外に道もありませぬ。（島崎藤村）

※解説・「小庵」は、自分の家をへりくだっていう言い方。

《アドバイス》

謙虚さと
慈愛を

お説教じみたアドバイスはよくない。自分の欠点や弱さを棚に上げ、上げたことを忘れて高飛車に相手を責め、反省や改善を促せば、だいたい反発され、効果がない。お説教した本人が気持ちよくなるだけだ。

夏目漱石は芥川龍之介の作品「芋粥《いもがゆ》」を読み、「あれは何時《いつ》もより骨を折り過ぎました」、細々《こまごま》しすぎてくどいのではと、やや批判的な感想を書いた後、あえてこう付記した。

此《この》批評は君の参考の為《ため》です。僕自身を標準にする訳《わけ》ではありません。自分の事は棚へ上げて君のために一言《いちげん》するのです

このとき漱石、四十九歳。すでに文名を世に轟《とどろ》かせていたにもかかわらず、二十四歳の無名の新人芥川に、終始控えめに助言した。

フランスの詩人ランボーは十七歳のとき、芸術的共感から、二十七歳の詩人ヴェルレーヌと共同生活を始め、ほどなく破局を迎えた。別れてもランボーを慕うヴェルレーヌは、未練がましく自殺をほのめかす**手紙**をランボーに送った。それを知ったランボーの母がヴェルレーヌに**手紙**を書いた。

こうしてあなた様にお**手紙**をしたためています今、どうかあなた

様のお心に平穏と反省が再び取り戻されていられますようお祈り申し上げて居ります

厄介な事件に巻き込まれた十七歳の少年の母親なら、ふつうは取り乱すが、その様子はない。この後に続く、自殺を止める説得の文章も、穏やかな調子で進み、**手紙**全体がヴェルレーヌに対する慈しみと尊敬によって包まれている。

慈しみ——すなわち、相手をいたわり愛する気持ちも、アドバイスには欠かせない。

哲学者、和辻哲郎は、二十四歳の学生のとき、夏目漱石に傾倒し、恋愛感情にも似た過剰な思いを**手紙**に託した。漱石は返信の中で戸惑いながらも優しく叱《しか》り、最後に視線を平行にして、一言添えた。

私のいう事は双方の為に未来で役立つと信じています

これを受け取った和辻は落胆したが、三十七年後、次のように述懐した。

漱石はその遺《のこ》した全著作よりも大きい人物であった。その人物にいくらかでも触れ得たことを私は今でも幸福に感じている

漱石の慈愛に満ちたアドバイスは、未来で役立った。

◉アドバイスのフレーズいろいろ

アドバイスや忠告は、ともすると尊大なものいいやお説教になりがちだ。そうなれば相手に通じないので、謙虚で遠慮深い姿勢が基本となる。

失礼だけれども御忠告をしますが、もっと短かいものをもっと念入にかいたら何《ど》うですか、　（夏目漱石）

何とかして道を学ぶということを始められたしと存候。道とは儒教でも仏教でも西洋の哲学でも好《よ》けれど、西洋の哲学などは宜しき師なき故、儒でも仏でもちと深きところを心得たる人をたづねて聴かれ度候。　（森鷗外）

本日の官報には「閨中《けいちゅう》の秘訣」と云う本と一所に矢張り風俗壊乱という事に相成り居り候。何れにても小生は安全を思う側よりして、小生の小説は一時掲載御見合せの方然るべく、雑誌の体裁としては何とか右の様申訳を附ければ如何かと存じ候。　（永井荷風）

君の場合に於ても僕としてすすめ得る事があるなら　第一に平凡な世間並の忠告――愛さない女はもらうな――を　第二に自分を理解する事の出来ない女をもらうなをすすめたいと思う

（芥川龍之介）

生きて面白い世の中とも思わないが、死んで面白い世の中とも思わない。僕も生きられるだけ生きる。君も一日も長く生きろ。

（芥川龍之介）

旅にいては殊更注意深く自分で自分の身をも、心をも守って行くようにシッカリたのみます。

（島崎藤村）

「あなたは決して、てれくさがってはいけません。」これは金言です。裏門から、はいらず、堂々と正門からはいろうじゃありませんか。あなたにはそれだけの値打ちがあるのだ。

（太宰治）

人と生れて苦患無きものは無之候《これなくそうろう》。苦しめば苦しむほど心は光り出づるものに候故　決して落胆なさらず、御自愛なされ、神にも御両親にもよくお仕え成され候よう祈り上候。

（北原白秋）

【懇願】

感情抑え
穏やかに

今から約百年前に出版された**手紙**の書き方の指導書『**手紙**文講習録』の中に、依頼文を書くときの注意が、次のように記されている。

（依頼文の作成は）大抵取り急いだ場合が多いようであります。そこで勢い筆をそそくさと走らすことになります。随《したが》って、ややもすれば粗雑に流れるものであります。粗雑に流れますと、…ついつい礼を失って、先方の感情を損《そこな》うようなことになります

依頼は相手に何かをしてもらうよう願うわけだから、怒らせないことが肝心だ。

そんな点に注意した依頼状の見本、いや、依頼よりももっと強い願いをこめた懇願の**手紙**の手本となるのが、衣川舜子《ころもがわきよこ》が連合国軍最高司令官ダグラス・マッカーサーに送った次の**手紙**だ。

拝啓　貴方《あなた》に私の本『ひろしま』を進呈いたします。私はかつて広島に住み、一九四五年まで教師をしておりました。この本は、お読みになればお分かりになると思いますが、私があそこで体験したこと、また見聞きし学んだことが書いてあります。

貴方は私がなぜ敢《あ》えてこの『ひろしま』をさし上げるのか、不思議に思われるかも知れません。しかし私は、広島の住民としての

真情をわかっていただきたいというだけで、抗議するなどという気持ちは全くありません。…

貴方は原爆とそのもたらす悲惨な損害について、聞いたり話したりすることを不快に思われるかも知れません。私もお話することを忍びがたく思います。しかしそれは事実であり、誰も否定することは出来ないのです。

私はこの報告を何ら誇張もなく誠意をこめて書き上げました。この本をお読みになることによって、貴方の日本での政策がより輝かしいものになることを強く望んでおります…

衣川は教え子を失い、自らも原爆症となり、終戦の四年後、検閲の目を逃れて『ひろしま』を出版した。誰よりも憎しみは強いのに、占領軍の感情を逆なでせぬよう抗議の色は極力抑え、実に穏やかな筆致でしたためた。

　残念ながらマッカーサーがこれを読んだ形跡はなく、輝かしい政策には反映されなかったと思われる。

　しかし、この**手紙**は、マッカーサー一個人をやすやすと超え、世界の人々に、切なる願いを、未来《みらい》永劫《えいごう》伝え続けるにちがいない。

◉懇願のフレーズいろいろ

懇願とは誠意をこめて願うことだ。普通の依頼でも誠意がこもっていなければならないが、懇願はさらに強く、ときには必死に、誠実に伝える必要がある。

拝啓　此手紙持参の人は中村蓊《しげる》とて去年英文科卒業の文学士にて其後東朝記者となりて小生とは社友の間柄に御座候　今般徴兵試験意外にも砲兵甲種に合格致候に付ては一寸御目にかかり伺い度事有之由《これあるよし》にて小生へ一封紹介状依頼につき相認め候　定めて御多忙とは存じ候えども本人参上の節は何卒《なにとぞ》御引見《ごいんけん》被下度《くだされたく》願上《ねがいあげ》候《そうろう》　先は右用事迄　草々頓首　六月八日
夏目金之助　鷗外先生　坐下　（夏目漱石）

委員のみなさま
貴協会の輝かしい演奏会に一度出演をご許可いただく光栄に浴したく、願書を添え伏してお願い申し上げます。小生は特に申し立てる要求もございませんので、芸術家に対しご寛大なる貴協会のご決定を賜わるものとかたく信じております。また小生のお願いのかどもご好意をもって受け入れいただけること敢えて希望いたすしだいでございます。（ショパン）

昨夜ハ輿に乗じ失礼なる手紙差上候段　平におゆるし被下度候《くだされたくそうろう》（永井荷風）

※意味・昨夜は調子に乗って失礼な手紙差上げましたこと、どうかお許しください。

突然ですがあなたの処でダリヤの球の余るのはありませんか。もし余分があれば一種一球ずつお譲りを得たいのですが。尤《もっと》も高価なのは手が出ません。ありふれたものでいいのです。私の方ではこの夏、ダッチアイリス五種四色分二百球、ヒアシンス十球、水仙十八種五十球、オーニソガラムその他百球などできますが、それらと交換でも願えるなら特に有り難い次第です。（宮沢賢治）

此暮は貧乏で困っていますから、申兼ますが、原稿料を頂けるなら、早くいただけますまいか。（鈴木三重吉）

唐突で、冷汗したたる思いでございますが、二十円、今月中にお貸し下さいまし。多くは語りません。生きて行くために、是非とも必要なので、ございます。五月中には、必ず必ず、お返し申します。五月中には、かなり、お金がはいるのです。私を信じて下さい。拒絶しないで下さい。一日はやければ、はやいほど、助かります。心からおねがい申します。（太宰治）

【推薦】

百年の名作 見いだした漱石

かつて兵庫県の灘校に、東大合格者数を激増させた伝説の国語教師がいた。彼は検定教科書を使わず、一冊の薄い文庫本を中学の三年間をかけ、横道にそれながら読み進める授業を行い大きな成果を挙げた。その試みが、単に東大に受かる技術を得るためだけではなく、国語や文学の本質を学ぶために大いに役立ったことはいうまでもない。

教材に使われた文庫本は中勘助の『銀の匙《さじ》』。こんな書き出しが、読者を作者の幼少期の甘美な世界へと誘う。

私の書斎のいろいろながらくた物などいれた本箱の引き出しに昔からひとつの小箱がしまってある。……なかには子安貝や、椿《つばき》の実や、小さいときの玩《もてあそ》びであったこまこました物がいっぱいつめてあるが、そのうちにひとつ珍しい銀の小匙があることをかつて忘れたことはない

同書は実は、夏目漱石の紹介がなければ、世に出ることはなかったにちがいない。なぜなら、当時類例を見ない斬新な作だったからだ。

漱石は初見ですぐに「ありゃいいよ」「綺麗《きれい》だ」「独創がある」と

絶賛し、朝日新聞に次のように推薦して連載が決まった。

一篇は文学士中勘助と申す男の作りしものにて彼の八九歳頃の生立記と申すようなものにて珍しさと品格の具《そな》わりたる文章と夫《それ》から純粋な書き振とにて優に朝日で紹介してやる価値ありと信じ候

そして、この作品のよさを認めない人々に対して漱石は、趣味が幼稚だと決めつけ、「一つの水蜜（甘い桃）を二人で食ったというようなことしか面白くないのだ」などと揶揄《やゆ》し、勘助を守った。

個々の時代はしばしば特有の雰囲気におおわれ、その雰囲気が大衆の嗜好《しこう》を偏らせる。その結果、名作が時代に合わず見過ごされることもある。

しかし漱石と長い歳月は、価値ある作を決して見逃さなかった。『銀の匙』は発表後百年を過ぎた今も版を重ね多くの人々に読み継がれている。

推薦は新しい価値の発見が伴ったとき、思いもよらぬ絶大な効果を発揮することがある。

漱石は中勘助を朝日新聞に紹介するとともに、百年先の未来に推薦することに成功した。

◉推薦・紹介のフレーズいろいろ

推薦・紹介は押しつけがましくならないように、十分注意して言葉を選ぶことが大切。注意が不足すると、横柄で不愉快なものになりやすい。

此れだけで一つ纏《まと》めて論文をかいて御覧なさい、小生何處《どこ》かへ御紹介致します　(寺田寅彦)

勿論君が推薦しろと云えば推薦する事を恥ずるような作品ではありません　(芥川龍之介)

北條館山那古の方でも見物に行っては如何ですか、那古の観音など名所の一つであります。白浜辺迄遠足も愉快でありましょう。(寺田寅彦)

甚だ御手数でしょうがどうぞあなたの知っている経師《きょうじ》屋さんに紹介してやって下さい　(夏目漱石)

※解説　「経師屋」とは、書画や屏風、襖などの表装を職業とする家。

私はあなたを推薦したいのですが、御承知下さるでしょうか。一人で静かに作っていられるのもいい事にはちがいないけれど、あなたのようにしていては非常に惜しく思います。で、私はどこまでもあなたを迎えて、私たちの仲間へ入ってほしく思います。（北原白秋）

この書面を持参する西丸哲三君を御紹介申上候。同君は目下日東製鋼株式会社に営業部主任として在勤罷《まかり》在《あ》り、小姪《しょうてつ》の夫にあたるものに有之候。（島崎藤村）

※解説・「罷在り」の「罷る」は、謙譲・丁重の意を表す語。「在勤罷在り」は、勤めております、という意味。

筑摩はいいところですから、きっと、働き甲斐があると思います。でも、むりにはすすめません。（太宰治）

堤君の事は、よろしくお願い申します。のんきすぎる男ですが、背信的な事は絶対にしない男ですから、その点は御安心なさって下さいまし。（太宰治）

《嘘》

思いや願いに誠があれば…

嘘《うそ》について考えてみたい。

手紙には当然本当のことを書かなくてはいけない。なのに人は時々嘘を書く。

皇帝ナポレオンは最初の妻ジョゼフィーヌと離婚する直前に、新恋人への**手紙**にこうつづった。

私はあなたのほかに誰にも逢わなかったし、誰も好きになったひともいないし、あなたを除いては私の望む女性は一人もいないのです。この待ちどおしい熱い想いをしずめて下さるために、いますぐにもお返事を…。

先妻が居るのに「誰にも逢わなかった」は白々《しらじら》しい。さすが史上屈指の大政治家。辻褄《つじつま》が合わなくてもへいちゃらだ。

また、石川啄木は、親友金田一京助に、嘘で塗り固めた借金の依頼状を次のように書いた。

（当てにしていた入金がいずれも延び）違算又違算、自分丈《だ》けは呑気で居ても下宿屋が困り、故家《こか》が困っては、矢張《やはり》呑気で居られず、完《まっ》たく絶体絶命の場合と相成り申候《もうしそうろう》。一月には詩集出版と、今書きつつある小説とにて小百円は取れるつもり故、それにて御返済可《いたす》

致《べく》候に付、若《も》し若し御都合よろしく候わば、誠に申かね候えども
金十五円許《ばか》り御拝借願われまじくや

「違算」とは誤算。切々と苦境を訴え、百円の入金予定を示し、十五円貸してもらえないかと願い出た。これは、明治三十七（一九〇四）年、啄木十八歳のときのこと。当時の百円は今の百万円ぐらいか。この返済の当ては真っ赤な嘘だった。

啄木をよく知る北原白秋は、「啄木くらい嘘をつく人もなかった」といい、本人にもその自覚があったのか、こんな歌がある。

何となく、自分を嘘のかたまりの如《ごと》く思ひて、目をばつぶれる

この依頼は意外にも功を奏し、そのお陰《かげ》で啄木は熱望した第一詩集『あこがれ』を出版することができた。

金田一は**手紙**の嘘を暴くより、紙背《しはい》に潜む誠を嗅ぎわけ共感したのだろう。

啄木が病苦や貧困にあえぎながらも持ち続けた『あこがれ』への憧れには、わずかの嘘もまじってはいなかった。

思いや願いに真実があれば、辻褄が合わない、事実とは違う、つまり嘘で粉飾した**手紙**でも、許される場合があるのかもしれない。

◉大げさな表現いろいろ

本当はそこまでの気持ちはなくても、あえて大げさに表現して、思いの強さをアピールしたほうが効果的な場合がある。成句にも誇張表現がよく見られる。

寝たまま手紙を書き候故乱筆にて甚だ恐縮凡《すべ》て御海容を乞う　（夏目漱石）

※解説・「海容」は、海のような大きな心で相手を許すこと。

白玉《はくぎょく》の微瑕《びか》　（夏目漱石）

※解説・「白玉」は、白く美しい宝石。「微瑕」は、ちょっとしたキズ。非常にすぐれたものに、わずかな欠点があること。漱石は、人の作品の欠点を指摘するとき、それは白玉の微瑕にすぎないといたわり、励ました。

朶雲《だうん》拝読　（夏目漱石）

※解説・「朶雲」は、五色に輝く雲のような美しい紙に書かれたあなたの手紙、という意味。相手の手紙を最大限に敬っていう言い方。

前略　…右御願迄　頓首《とんしゅ》　（夏目漱石）

※解説・現在は「前略＝草々」が書礼とされているが、文豪たちの手紙には、漱石に限らず、「前略＝頓首」がしばしば見られる。前文は省いたが、締めくくりはていねいを極めたいという思いを表現している。ちなみに「頓首」は、頭を地面にすりつけるように拝礼すること。これもかなり大げさな表現といえるだろう。

名画なる故　三尺以内に近付くべからず
（夏目漱石）

※解説・はがきに絵を描いて、それに添えた言葉。真意はいうまでもなく、名画には程遠いので、決して近づいて見てはいけない、ということ。

いつも御心労のみ相掛け不孝の罪正に磔刑《れきけい》に値すべしと存居候
（永井荷風）

※解説・「磔刑」は、石をぶつける刑罰か。「磔刑」は、はりつけの刑。いずれにせよ、自分の不義理の罪深さを、大げさに自戒している。

プライドのために仕事したことございませぬ。誰かひとり幸福にしてあげたくて。
（太宰治）

※解説・「誰かひとり幸福に〜」というのは高邁な理想だった。現実において太宰は、プライドや経済から自由になり、理想を貫くことは、なかなか困難だったようだ。

私は、金がつきてしまったばかりでなく、力も尽き果ててしまった、まったく万事休した形で、目下のところ意気沮喪している。到着以来、私の健康は、日ごとに衰えている。折った足がひどく痛む。二つの傷口は、医者もふさぐことができない。熱帯地方では、それはむずかしいのだ。

（ゴーギャン）

※解説・ゴーギャンのタヒチへの移住は、困難を極めたようだが、妻に宛てたこの手紙は、窮状をかなりオーバーに伝え、同情を得ようとしている。

《慰め》
過去を評価し激励

「生れ出づる悩み」で知られる文豪有島武郎は、挫折にめげずに出版社の起業を目指す友を、**手紙**の冒頭でこう慰めた。

徹底した、感心によく徹底した。是《こ》れから出発する兄《けい》の思想と行為とには本当の力が湧くことと思う。僕は寧《むし》ろ今度の兄の失敗を祝福したい

月並みな同情はせず、信念を貫いたことを高く評価し、さらには、失敗を祝福するとまで言い、力強いエールを送った。

失意にある人は、荒海で羅針盤を失い、途方に暮れる難破船だ。それまでの進路、考え方に間違いはないのだと激励することが、効果的な慰めになる場合がある。

一方、後期印象派の巨匠ポール・ゴーギャンは、有島とは異なり、相手の考え方を否定し、自分本位の新たな進路を押しつけた。

妻のメットにあてた、その慰めの**手紙**をご覧いただく前に、これが書かれた背景を簡単に紹介しておく。

そもそもゴーギャンは十分な収入のある株式仲介商の店員だった。ところがある時、妻に何の相談もなく仕事を辞め画家を目指した。まだ趣味で描く日曜画家にすぎなかった彼の絵に買い手がつくは

ずもなく、五人の子どもを含む一家はたちまち路頭に迷う。にもかかわらず、ゴーギャンは絵を描くために、単身タヒチに向かった。妻はその決断を「怪物じみたエゴイズム」のなせる業《わざ》とし激怒した。そこで、ゴーギャンはタヒチから妻のもとに**手紙**を送った。

おまえは、将来の見通しがあまり明るくないと言う。私だって、立場はおまえと同じだ。しかし私は違う。私はその日のことだけしか考えないことに慣れている。人生は、いつも人が信じたり望んだりするものの反対ではないだろうか？　消極的に（積極的にではなく）明日のことを思いわずらったところで何になろう。現在を忘れてしまうだけじゃないか。毎日私は、自分に言ってきかせる。「さあ今日も一日得をしたぞ。自分の義務を果たしたかな？　じゃあ寝るとしよう。明日は多分死ぬだろう」と

なるほど怪物だ。加害者なのに、妻と同じ被害者の席に座り、不思議な説得力を持つ刹那《せつな》主義を披露した。相手をあきれさせ、諦めさせることも、慰めの一つの方法なのだろうか。

残念ながらこの**手紙**が効力を発揮するのは、ゴーギャン没後、その独創的な画業が世界に認められてからのことになる。

◉慰めのフレーズいろいろ

相手の弱った心に同情し、傷口をいたわることだけが慰めではない。ときには力強い励ましの言葉を選び、明るい方向を見させ、奮起を促すことも大切だ。

全然無罪。安心安眠ヲ可トス。先方デ何トカ云ッタラ屁ヲカマスベシ（夏目漱石）

あなた位な境遇にあるものが幾人いるか分らないと云う事実が充分な慰《い》藉《しゃ》ニナリハシマセンカ（夏目漱石）

※解説・「慰藉」は、なぐさめいたわること。

お芽出とう。誠にお芽出とう、初めンのは女が可いそうだよ、そして二番目は男が可いそうだ。（石川啄木）

小宮は馬鹿ですからどうぞ取り合わないように願います（夏目漱石）

試験が辛いだろう、己だったら悲鳴をあげて遁げ出すが　忍従している君の精神には感心している　済ませて早く帰って来給え。（梶井基次郎）

※解説・「忍従」は、がまんして従うこと。

僕の所へ来たからって、むずかしい事も何もありやしませんよ　あたりまえの事をあたりまえにしていさえすればいいんです　だから文ちゃんなら、大丈夫ですよ　安心なさい　（芥川龍之介）

あまり御心配下さいませぬように、大丈夫だと存ます（北原白秋）

一時は随分心配した。意識ははっきりして見たところは何でもなさそうだが脳の急変の心配があったのです、もう大丈夫だから御安心下さい。此《これ》からしばらく入院骨の方の治療をします。此れからが退屈して困ると思うからどうかなるべく頻繁にはがきでも絵葉書でもよこして頂戴　（寺田寅彦）

御心境如何です。もう、落ちつきましたか。おひまの折、ぶらりとこちらへも、おいでなさいませんか。一夕、語りましょう。（太宰治）

御手紙只今落手。中原さん、恐れてはいけませぬ。悶《もだ》えてはいけませぬ。強い心は永劫を貫徹します。私共は只強い浄《きよ》い心を以て永久に生きる用意なくてハいけません。（島木赤彦）

《お悔やみ》

薄墨を用いる

師走のポストは開けにくい。こんな詩句が思い出されるからだ。喪中につき／新年のご挨拶《あいさつ》を遠慮させて頂きます／今年もまた／木枯《こがら》しが見知らぬ死者のたよりを運んできた／そのたびに私は首をすくめる／あなたが喪中だったとは知りませんでした／私も今日から喪に服しましょう…（郷原宏「新年の**手紙**」より）

喪中欠礼状を受け取ったら、年賀状を控えるだけでなく、お悔やみを書くのがいい。年を越してから寒中見舞いを兼ねて出すときは、松の内（元旦から七日まで。もしくは十五日まで）は避けるのがならわしだ。

また、お悔やみの書き方には一応いくつか決まりがあるので、一応覚えておきたい。

拝啓などの頭語や時候のあいさつなど、いわゆる前文は省いて、冒頭から訃報に接した驚きを表したり、お悔やみを述べたりする。そして、悲嘆を慰め自愛を祈り、最後は敬具などの結語も省略して**手紙**を結ぶ。ただし、手をあわせるという意味の「合掌」という結語は、しばしば用いられる。

前文の省略は、驚きや悲しみのあまり儀礼を忘れるという心情の表現、といわれている。

ただし、必ずしもそうしなければならない、というものでもない。

文豪たちのお悔み状を見ると、頭語、結語がよく使われている。

夏目漱石は、門下生の一人、小説「銀の匙《さじ》」で知られる中勘助に、次のお悔やみを書いた。

　拝啓御令妹《これいまい》御養生の甲斐《かい》なく遂《つい》に御逝去の由嘸《さぞ》かし御愁傷の事と遥察《ようさつ》ただ御同情の念に不堪候《たえずそうろう》…

拝啓を省いてはいない。

あるいは島崎藤村は、お悔やみをこう締めくくった。

…略儀ながら書面にておくやみまで、敬具。

結語に敬具を使っている。

漱石も藤村もルール無視の無礼者と思う人はいない。むしろ改まった気持ちや相手に対する敬意を明確に表現するためには、お悔やみも拝啓で始め、敬具で締めくくるほうがよいかもしれない。

では、もう一つのルール、薄墨で書くという習慣はどうすべきか。

涙が硯《すずり》に落ちて墨が薄まるという美しい言い伝えに従い、不祝儀では濃い墨を避けるようにしたい。

◉お悔やみの言葉

本来最愛の人を亡くした人を慰める言葉などない、という事情をふまえたうえで、たとえほんの少しでも相手の傷心をいやす言葉を選ぶ必要がある。

拝啓　御父上様の御永眠悲しみに堪えません。君並《ならび》に御姉妹には、さぞかし御歎きのことと存じます。悲しみにも種々ありますが、父の死は最も深刻(profound)のものであると思います。やはり人生最も深い関係は、父子の関係であります。　（内村鑑三）

敬啓　東宮様御長逝のよし承り候謹みて御悼み申上候
頓首　（芥川龍之介）

粛啓　御老母様御病気の処《ところ》御療養の甲斐もなく御逝去の由嘸《さぞ》かし御愁傷の事と存候乍略儀《りゃくぎながら》ここに書面にて哀悼の微意を表し申候　敬具　（夏目漱石）

※解説・「哀悼」は、人の死を悲しみいたむこと。「微意」は、自分の気持ちをへりくだっていう言い方。

園田様にも、御かなしみのうちに御告別式もすませられ候よし。日を経《へ》候《そうろう》とも、この御かなしみは、御やるかたのう思召《おぼしめし》候《そうろ》うらん。思いあぐるさえ涙さしぐみ申候。別封、京子様へ御序《ごおついで》のせつ御つたえ願上候。

（九条武子）

※解説・「この御かなしみは、御やるかたなう思召候うらん」は、この悲しみは。晴らす方法がないとお思いになるでしょう、という意味。「涙さしぐみ」は、涙ぐむ。

先達てはとんだ御不幸で御坐いましたそうで御愁傷御落胆の程乍失礼《しつれいながら》御推察申上げます
（寺田寅彦）

このたびの御不幸に就いては、私ごときなんともおくやみの言葉も出ない思いで、この上は御一家様せめて御変りなく御消光あそばされるよう祈るばかりでございます。

（太宰治）

※解説・「消光」は、日を過ごすこと。

謹啓　このたびのことで、男のなかでかなしみ最も深かったのは、私だ。こう書いていても涙が出て、しょうがないのだ。だいいちに母へちからをつけること。これは、きみの義務だ。純粋のかなしみをかなしみたまえ。
（太宰治）

奥様の御姉様が御逝去の由謹んで哀悼の辞を献《ささ》げます　どうぞよろしく御《ご》鳳《ほう》声《せい》願《ねがい》上《あ》げます。

（北原白秋）

※解説・「御鳳声願上げます」は、お伝え願います、という意味。

#【辞世】

遺す人へのいたわり

辞世とは、この世への最期の手紙だ。生前墓や生前葬のおまじないと同様に、これを遺漏なく完成させ安心を得れば、さらなる長寿が望めるに違いない。

毎年九月には敬老の日がある。すべての高齢者の長寿を祈る意味をこめつつ、辞世について考えてみたい。

まず、有名な松尾芭蕉の句からご紹介する。

旅に病《やん》で夢は枯野《かれの》をかけ廻《めぐ》る

志を完遂し得ず病に倒れた無念を伝えてはいるが、見果てぬ夢を追いかける芭蕉の生き生きとした心の躍動が目に浮かび、受け手の月並みな感傷を許さない。すなわち遺《のこ》る者たちの悲しみを和らげてくれる言葉である。

小説家新田次郎の辞世も芭蕉に似て爽快だ。

春風や次郎の夢のまだつづく

さらに、江戸時代の画家英《はなぶさ》一珪《いっけい》のそれは、スケールが大きい。

二三百生きやうとこそ思ひしに八十五にて不時の若死

また次の句は、未練が一切なく清冽《せいれつ》な覚悟に満ち見事だ。

散りぬべき時知りてこそ世の中の花も花なれ人も人なれ

散りどきを心得てこそ、花は花として人は人として美しいと詠んだのは、数奇な運命を辿《たど》り自ら命を絶つ状況を迎えた明智光秀の娘、細川ガラシャだ。

いささか軽薄な言い方で恐縮だが、カッコいい。

それでは、人に優しく、しかもカッコいい辞世はないかと探してみると、戦国時代の俳諧連歌師山崎宗鑑のものが出色と思われる。

宗鑑はいずくへ行くと人問はばちと用ありてあの世へといえ

実に飄逸《ひょういつ》で明るくドライだ。晩年に瘍《よう》（できもの）を患ったので、瘍と用もカケている。また、「ちと用ありて」という言い方には、すぐ戻ってくるさというニュアンスが感じられ嬉《うれ》しい。

同様に、江戸時代の戯作《げさく》者十返舎一九《じっぺんしゃいっく》も、軽快でユーモアあふれる辞世を遺して颯爽《さっそう》と逝った。

此世《このよ》をばどりゃお暇《いとま》に線香《せんか》の煙と共にはい左様《さよう》なら

「どりゃお暇に線香」は、どーれお暇しましょうかね、の意味。

カケ言葉を駆使して軽妙にこしらえることが辞世の作法だ、というつもりは毛頭ない。以上の辞世から学ぶべき要点は、遺す人々へのあたたかないたわりと思えるが、いかがなものだろうか。

◉辞世

辞世とは、この世に別れを告げること。漢詩、和歌、短い詩などの形にすることが多い。美しいもの、大切なもの、趣深いもの、楽しいものを集めた。

朝夕に草木を吾れの友とせば
こころ淋しき折ふしもなし

（牧野富太郎）

日本はもう戦争をしてはなりません
戦争の必要がないだけには
しておいたつもりです

（小村寿太郎）

是非に及ばず

（織田信長）

※意味・あれこれいっても仕方がない。

露草や赤のまんまもなつかしき

（泉鏡花）

※解説・「赤のまんま」は、茎に柄のない紅色の小花を均等につける草花。俳句では秋の季語。幼児期の金沢の露草、赤まんまを懐かしみ、さりげなくも美しい。

どん栗の落ちるばかりぞ泣くな人
（中勘助）

面白き事もなき世にをもしろく
住なすものはこゝろなりけり
（高杉晋作）

※意味・さして面白くもない世の中を面白く暮らすのは、心の持ち方次第である。

露とをち露と消へにしわが身かな
浪速のことは夢のまた夢
（豊臣秀吉）

※解説・「浪速のこと」とは、大坂城で過ごした栄華の日々のこと。

願はくは花の下にて春死なむその
きさらぎの望月の頃
（西行法師）

※意味・できるなら桜の木の下で死にたい、二月の満月の頃に。

東風《こち》吹かば　にほひをこせよ梅花《むめのはな》
主なしとて春を忘るな
（菅原道真）

第三章　形式・作法

《拝啓と敬具》

用件を
敬意でサンド

手紙が他の文章と違い書きにくいのは、**手紙**独特の形式や用語があるためだ。たとえば、拝啓・敬具と前略・草々の使い分けについて迷ったことはないだろうか。

前略とはいうまでもなく、前文を省略しますという意味。前文とは、用件に入る前の各種あいさつで、時候や、相手の様子を尋ねるあいさつ、自分の様子を伝えるあいさつなどがある。

まどろっこしい前置きは省き、すぐに用件から入るほうが、時間と紙の無駄がなく合理的な場合も確かにある。ただし気をつけるべきは、前略・草々は改まった**手紙**には不向きだということ。前略はいわば、「あいさつ抜きで始めます」という宣言であり、草々は「ぞんざいでごめんなさい」という意味となるからである。不用意に使うと失礼になる。

今から八十年近く前に出た『正しき書簡文の知識』には、次の記述がある。

「前略」と書く手数で「拝啓」と書いて、直ちに要件に入ればよいのであるから、なるだけ、「前略」や「冠省」を避けて「拝啓」を用い度《た》い前略の代わりに拝啓を、草々に代え敬具を使って支障の出る**手紙**は皆無だ。

そもそも拝啓とは、あなたに敬意を表して申し上げます、という意味。そして敬具も同様に、尊敬して申し上げましたという意味だ。この姿勢こそが日本の**手紙**の美質の核心といえる。すなわち用件を敬意でサンドイッチするのである。

相手の状況や気分に土足で踏み込むのではなく、うやうやしく立ち入り、用事がすんだら、お騒がせしましたと、やはり謙虚に立ち去るのが日本人の感性にぴったり合う。そしてその姿勢を、目上、同等、目下に対して、分け隔てなく貫くのも、日本の美風の一つといえる。

ただし、やたらていねいなのはいけない。千年前の平安の昔、拝啓、敬具にあたる頭語と結語を、次の語で書いたこともあった。

誠《せい》惶《こう》誠《せい》恐《きょう》謹《きん》言《げん》

誠に恐縮して誠に恐れ入り、謹んで申し上げます、という意味になる。これを今それほど改まる必要もない手紙に使用すれば、いわゆる慇《いん》懃《ぎん》無礼ということになってしまう。

◉頭語・結語いろいろ

「拝啓＝敬具」「謹啓＝謹言」「前略＝草々」だけで手紙は書ける。しかし、場合によっては、古より伝わる趣深い頭語・結語を使ってみるのもよい。

拝啓＝早々敬具　（泉鏡花）

※解説・「拝啓」のペアリングは「敬具」とは限らない。拝啓でていねいで始めたが、まとまりがつかずふつつかになってしまったとき、明治時代の人は、泉鏡花以外に「早々敬具」をしばしば用いた。漱石の手紙にもよくこのパターンが見られる。

一筆申し進め候＝めで度かしく　（高杉晋作）

※解説・江戸時代まで、「かしく」は女性専用の結語ではなかった。織田信長も豊臣秀吉も「かしく」を結語として使用している。また、高杉晋作や坂本竜馬の書簡には「かしこ」を結語としているものがある。「かしく」も「かしこ」も、畏まる＝恐縮する、を語源としている。ただし、「可祝（祝うべし）」を語源とするという説もあり、「可祝」を結語として利用する場合もある。

恐々謹言（伊達政宗／浅井長政）／恐惶謹言（坂本竜馬／毛利隆元）

※解説・武将の手紙には頭語が見られないことがあるが、結語には、「恐々謹言」「恐惶謹言」がよく見られる。特に「恐惶謹言」は、今でも改まった手紙に用いることがある、非常にていねいな印象のある結語。「恐々謹言」「恐惶謹言」いずれも、大いに恐縮してつつしんで申し上げました、という意味。

とりいそぎ前略御免《おゆる》し遊ばされたく候＝いそぎ右のみかしこ（九条武子）

※解説・古い時代の女性の書き方。略儀を詫びるにしても、非常にていねいだった。

謹白＝頓首百拝（福沢諭吉）

※解説・今では「謹白」は結語として用いられるが、江戸から明治にかけては、頭語としても用いられたようだ。「白」は、言うという意味。「謹白」でつつしんで申し上げます、という意味になる。「頓首百拝」は現在見かけないが、強い敬意が伝わる表現で、相手と内容によっては、今使用してもおかしくないだろう。

《書き出し》

形式より率直、誠実

「何よりの燻製《くんせい》さけ御心《おこころ》にかけられありがたく存じます」と書き出し、礼状をしたためたのは島崎藤村だ。拝啓などの頭語や時候などは一切ない。「何よりの」と、いきなり最上級の賛美を受け、相手はどれだけ喜んだかしれない。

また、藤村には、こんな書き出しの**手紙**もある。

弱いのは決して恥ではありません。その弱さに徹し得ないのが恥です。こんな意味のことを書いてあげようあげようと思いながら、つい多忙にとりまぎれろくろく御返事も差上《さしあ》げませんでした

「弱いのは恥ではありません」と、冒頭から擁護の気持ちをストレートに表明することにより、受け手はさぞかし癒やされたことだろう。

もちろん、拝啓などの頭語や時候、相手の様子を尋ねるあいさつをまじえ、一般的な形式を守って、恭しく心情を交わし合うべき間柄もあるだろう。しかし、本来**手紙**はもっとシンプルなものだった。

国立国語研究所の所長を務めたこともある国語学者の岩淵悦太郎は、こう教える。

書簡文の歴史を見て感ずることは、一般に後世になるほど形式的

になり、ことに本文に入るまでの前文が次第に長くなって来ているることである。…これからの**手紙**を考える場合、もっと率直に書くようにすべきであり、この点では、むしろ古い時代の書状に学ぶべきところが多いように思われる

さらに、率直さに誠実さが加わると、なお一層印象的な**手紙**になる。宮沢賢治のお悔やみ状の書き出しが、そのよい例だ。

この**手紙**はおっかさんに別れたあなたを慰めようとして書くのではありません　私の労《つか》れた心を励ます為に書くのです

相手の深い悲しみには無力であり、結局自分を慰めるためにしかならないのではないかという疑問を、冒頭から誠実に書き始めることにより、とても温かなお悔やみになっているように思われる。

また、武者小路実篤の**手紙**の書き出しも心に沁《し》みる。率直で誠実な上に並外れて素朴だ。

今度も逢《あ》えてうれしかった。別に書くこともないが、何となくハガキがかきたくなった

幼少期の**手紙**ではない。実篤三十九歳のときに、親友志賀直哉に書いたものである。

◉書き出しのフレーズいろいろ

手紙のルールを守り、書き始めたほうがよい場合がある。一方で、ルールから自由になったほうが効果的な場合もある。後者の例を示しておこう。

拝啓　突然の御願いでお驚きになるかもしれませんが　私の親戚の小供《ママ》で一中の四年にいるのが独乙語の先生につきたがって居りますが　一二ヶ月の間でも御世話になれますまいか　（芥川龍之介）

※解説・前文を省きいきなりお願いから入り、差し迫った状況を強調した。

謹啓　心から、ありがとう。　（太宰治）

※解説・率直で強い感謝を伝えるには、時候のあいさつを省いたほうがよい場合もある。

愛する金吾君、非常に御無沙汰致しました、変りありません乎《か》、不相変《あいかわらず》時々夢で君と会います、若い時の impressions は消えない者《ママ》であります。　（内村鑑三）

※解説・欧米風の書き出し。率直な親愛を示すのに効果的。

男子出産　母子共に御無事の由《よし》芽《め》出《で》度《たく》存《ぞん》します　皆々喜んでいます　どうか立派なものになる様に祝福いたします　（西田幾多郎）

追分でむなしく君のはがきを待ち、二十一日午前十一時発。その日の午後五時すぎ上松に着きました。その晩、上松の宿屋で君をさがし、むだでした。（立原道造）

拝啓　多忙に追われお礼を延引しまして申訳もありません。お手づくりの野菜物をどっさり頂きまして難有うございました。（鈴木三重吉）

※解説・お礼はすぐにが原則。遅れたときはまずお詫びから書き始める。

幸福は一夜おくれて来る。おそろしきはおだてに乗らぬ男。飾らぬ女。雨の巷。（太宰治）

※解説・警句を冒頭に掲げ、読み手を強く引き付ける手法。

つつしみつつしみ申し述べます。（太宰治）

※解説・太宰独特の口調、文体を色濃く示す書き出し。固有な文体により、ありきたりではない気持ちを表現することができるた。

深謝——さすれば二月十五日頃に願い上候。（島崎藤村）

※解説・拝啓も謹啓もない、掟破りのお礼状。清潔で強い感謝が伝わったに違いない。

≪返信の書き出し≫

趣深い
感謝こめて

人から**手紙**をもらって返信する際の書き出しの語句をご存じだろうか。現代では「拝復」を用いるのが普通だ。謹んで折り返しの**手紙**を書きます、という思いがこめられている。さらに改まった気持ちを示すなら、「謹復」「謹答」などで書き始める。

また、やわらかな表現にしたいときは、「お**手紙**、ありがたく拝見いたしました」「○月○日付のお**手紙**、本日拝受いたしました」「ご玉章（芳簡）、ありがたく拝読いたしました」などと書く。玉章も芳簡も、相手の**手紙**に深い敬意を示す古風な用語だ。昔の人は相手の**手紙**を、びっくりするほど敬った。

夏目漱石は二十二歳のとき、親友の正岡子規から**手紙**をもらい、こんな書き出しで返信した。

朶《だ》雲《うん》拝《はい》読《どく》然《しから》ば御病気日々御快癒の趣《おもむき》珍《ちん》重《ちょう》此《この》事《こと》と存《ぞんじ》候《そうろう》

意味は、「あなたの見事なお**手紙**を拝読しました。それによるとご病気日々全快に向かい祝うべきことと思います」。

なお、見慣れない「朶雲」という言葉は、次の故事に由来する。

今から約千三百年前の中国唐代に、郡の長官に韋《い》陟《ちょく》という人がいた。いつも五色に彩られた美しい便せんで**手紙**を書き、韋陟の**手紙**

は五朶雲（五色に染まって垂れ下がる雲）と呼ばれもてはやされた。この逸話から相手の**手紙**を敬う語として朶雲が用いられるようになった。

なんと趣深い用語だろうか。今の**手紙**に「朶雲拝読」を使ってはいけない理由はない。私は胸を打つ**手紙**を受け取ったとき、返信の冒頭に置くことがある。

しかし、もっと昔の**手紙**の返信の書き出しには、さらに詩的でていねいを極めるものがある。

今から千二百年余り前、真言宗の開祖、弘法大師空海は、天台宗の開祖、伝教大師最澄から**手紙**をもらい、次のように返信を書き始めた。

風《ふう》信《しん》雲《うん》書《しょ》自《じ》天《てん》翔《しょう》臨《りん》

風のようにさわやかで心地よく、雲のように美しいお**手紙**が、天から舞い降り、わたくしの目前に届きました、というほどの意味だろうか。

相手の**手紙**への尊敬、差出人への感謝の念は、本来このようにあるべきものなのかもしれない。

◉返信の書き出しいろいろ

相手からの手紙が、どれほど嬉しかったか、心に沁みたかを、十分に、いや十二分に表現することが、返信の書き出しの何よりの礼儀といえる。

拝復　わざわざ御懇《おねんごろ》なるお手紙下され、ありがたく奉拝見候《はいけんたてまつりそうろう》（泉鏡花）

※解説・「御懇」は、とてもごていねいな、という意味。

拝復　御無事の御様子、それに赤ちゃん御誕生の由、大慶です。奥様にどうかよろしく御鳳声下さい。（太宰治）

※解説・まず相手の慶びに、十分に身をそわせた。

フランス出発以来、はじめてやっとあなたの手紙をうけとりました。船便がつくたびごとに、私は息をきらしながら窓口までゆき、当惑し、それから絶望して立去ります。（ゴーギャン）

※解説・手紙を待ち焦がれた思いを、抑制なく伝え、暗に相手＝妻の怠慢を非難した。

謹啓　先日のお手紙、私、いたみいります。（太宰治）

※解説・「いたみいる」は、感激する、恐縮する、という意味。

お手紙寔《まこと》にうれしく拝誦いたしました。いつもご無沙汰ばかりでほんとうに済みません。（宮沢賢治）

朶雲《だうん》拝読奉り候（高杉晋作）／朶雲拝読。それによるとご病気日々全快に向かい（夏目漱石）

※解説・「朶雲」は、相手の手紙の敬称。中国唐代の韋《い》陟《ちょく》が、五色に染められた美しい紙に手紙を書き、その手紙は五朶雲（＝五色に染まる雲）と呼ばれた。その故事を元とする言葉。

五月十三日の手紙と茉莉ちゃんの新しい写真とが来た。写真は実にはっきりとよくとれた。おれはかわいくってしょうがない。あんまりかわいいから人に見せたら丈夫そうだというのだ。そんなあいさつをききたくはない（森鷗外）

※解説・妻からの手紙と愛娘の写真を、出張先で親バカ丸出しで喜ぶ様子を、包み隠さず表現している。

貰えないと思っていた人から手紙を貰ってどんなに嬉しかったろう。（梶井基次郎）

※解説・感謝の度合いの大きさを、正直に伝えている。

《初めての相手へ》

切り詰めすぎない

大正十五（一九二六）年、ある大きな出版社の代表のもとに、一通の**手紙**が届いた。書き出しはこうだった。

とつぜん**手紙**などさしあげてまことに失礼ではございますがどうかご一読をねがいます

差出人は「銀河鉄道の夜」などで知られる童話作家、宮沢賢治。

彼は**手紙**を次のように続けた。

わたくしは渇いたように勉強したいのです。貪《むさぼ》るように読みたいのです。もしもあの田舎くさい売れないわたくしの本とあなたがお出しになる哲学や心理学の立派な著述とを幾冊でもお取り換え下さいますならわたくしの感謝は申しあげられません

「売れないわたくしの本」とは、賢治が自費出版した本だった。賢治は生前無名で、このときも一介の二十九歳の青年にすぎなかったので、結局この物々交換は成立しなかった。しかし、岩手の勉強熱心な青年の誠実さは、約一世紀の間色褪《あ》せることなく**手紙**の中に保たれた。

手紙の冒頭の礼儀正しさからは、彼の純粋無垢なひたむきさを強く感じることができ、心地よい。

同様に夏目漱石も、初めての相手には、このようにていねいに礼を尽くした。

未得拝顔候《いまだはいがんをえずそうら》えども春寒の節益《ますます》御《ご》壮勝《そうしょう》奉賀《がしたてまつり》候《そうろう》偖《さて》甚だ唐突の至りに存《ぞんじ》候えども折入《おりいっ》て御相談申上《もうしあげ》度《たき》件《けん》有之《これあり》依《よっ》て失礼を顧みず一書を裁《さい》し御一読を願上《ねがいあげ》候

意味は次の通り。未《いま》だにお顔を拝見していませんが、春寒の時季益々《ますます》お元気でご活躍の事とお慶《よろこ》び申し上げます。さて、はなはだ急ですが、折り入ってご相談があるので、失礼を承知でこの**手紙**を書き、ご一読をお願いいたします。

ところが、賢治や漱石が範を示したていねいな書き出しは、昨今省略傾向にある。「はじめまして。お願いがありお**手紙**を差し上げます」などの手短な例が目立ち、そっけない感じがすることさえある。「はじめて突然お便り申し上げる失礼をお詫びいたします。恐縮ですが、折り入ってご依頼したいことがございます」などとするのはいかがだろう。

初めての相手への書き出しのあいさつは、一般に、切り詰めすぎぬよう注意するのがよいだろう。

◉初めての相手へのフレーズいろいろ

初めての相手には十分礼を尽くして、最低限の信頼を得る必要がある。そのためには、昔から伝わるあいさつを参考にするのがよいだろう。

拝呈　未だ御面会の機を得ず残念に存じ居《おり》候

（永井荷風）

※意味・未だご面会の機会を得ず残念に思っております。

拝啓　未だ拝顔の栄を得ず候処

（夏目漱石）

※意味・未だお顔を拝見する栄誉を得ていませんが。

拝啓　未だ御目にかからず候《そうろう》処《ところ》愈《いよいよ》御清適《ごせいてき》奉賀《がしたてまつり》候《そうろう》

（夏目漱石）

※意味・未だお目にかかりませんがますます安らかにお過ごしのこととお慶び申し上げます。

拝啓　未だ御面会の機を得ず
候処愈御清適奉賀候
（夏目漱石）

※意味・未だご面会の機会を得ませんがますます安らかにお過ごしのこととお慶び申し上げます。

拝啓　未だ拝芝《はいし》之《の》栄《えい》を得ず候え共《とも》
（国木田独歩）

※意味・未だご面会の栄誉を得ませんが。

拝呈　陳者《のぶれば》未御面会の栄を
不得《えず》残念に存居《ぞんじおり》候《そうろう》
（永井荷風）

※意味・申し上げれば、未だご面会の機会を得ず残念に思っております。

未だ申し入れず候と雖《いえど》も、次《つい》でを
以て啓せしめ候
（北條早雲）

※意味・未だお便りをいたしませんが、ついでに申し上げます。

拝啓　陳者御雷名兼而聞及居候得共《のぶればごらいめいかねてききおよびおりそうらえども》
未謦咳《いまだけいがい》に接するを得ず遺憾に存候
扨甚《さてはなはだ》突然の御願にて恐入候得共《おそれいりそうらえとも》
（永井荷風）

※意味・申し上げれば、ご高名は以前から伺っておりますが、未だお目にかかることができず残念に思います。さて、突然のお願いで恐れ入りますが。

【時候あいさつ】

身近な季節感添えて

かれこれ七百年昔のこと、雪が降り積もった朝に、ある人が用事があって**手紙**を送ると、すぐに返事が届いた。「この雪景色について一言も触れない風流心のない人の頼みは聞けない」と。徒然草にあるエピソードだ。兼好法師が自ら犯した失態だった。

ことほどさように、私たち日本人は古くから季節を愛《め》で、時候のあいさつを大切にした。

夏目漱石も季節に応じて、次のような時候を使い分けた。

春寒の節　春暖之候　若葉の時節　薫風の時節　酷暑の候　秋冷相催し　寒冷之候

これらは今もほとんど変わらず使用されている定型句だ。

また、時候のあいさつをメーンテーマにした**手紙**、暑中見舞い、残暑見舞い、寒中見舞い、余寒見舞いなども古くから交わされていた。

今から約九十年前、大正十二（一九二三）年発刊の**手紙**の文例集『**手紙**手ほどき』には、梅雨の見舞いにあたる「梅雨連日鬱陶《うっとう》敷《しく》候《そうろう》處《ところ》如何《いかが》御《ご》消光《しょうこう》遊《あそば》者され候《そうろう》可《か》御伺い申上《もうしあげ》候《そうろう》」が紹介されている。

「梅雨が続くうっとうしい季節ですがいかがお過ごしでしょうか、

お伺いいたします」という意味だ。長雨で心も晴れないこの時期に、さわやかな励ましをもらうのは嬉しいから、現代にも梅雨見舞いのはがきを復活させてもいいかもしれない。

しかし、時候のあいさつが定型句や常套《じょうとう》句ばかりだとつまらない場合がある。誠意のこもらないものになりかねない。そんなときは、自分らしい言葉で、身近な季節感を添えるのがいい。そしてその時候が、**手紙**の内容とリンクするものであると、なお趣深く、訴求力の強い**手紙**になる。

夏目漱石は世の中の矛盾や不純にもだえ苦しみ、「近来世の中に住んで居るのが小便壺《つぼ》のなかに浮いて居る様な気がする。周囲が小便だから自分も嘸《さぞ》臭い事だろうと思う」と冗談めかして**手紙**で苦境を述べたが、その冒頭、ユニークな時候のあいさつを、次のように添えている。

> 拝啓　伊香保の紅葉《もみじ》を貰《もら》って面白いから机の上へのせて置いたら風がさらって行って仕舞《しま》った。どこをたずねてもない

無常観に裏打ちされた繊細で美しい季節感が、漱石の胸中の濁りを際立たせた。

◉時候のあいさついろいろ その1

時候のあいさつは、相手と季節を共有して、コミュニケーションの土台を作るために使う場合が多いが、季節にかこつけて内心を吐露することもしばしばある。

一月　今日も雪。大分積った　着物は袖なしに丹前にタウル《オ》の襟巻に懐爐《かいろ》に火燵《こたつ》で机に向かっている（大正十五年一月二十一日、妻・志賀康子宛）　（志賀直哉）

※解説・積もった雪や寒さにより、困難な仕事を象徴した。

二月　日は温かに早稲田の野も林も春めきわたり候　ことに小生の室もいよいよ春の室と相成候《あいなりそうろう》（明治三十八年二月十七日、友人・河井酔茗宛）　（北原白秋）

※解説・二十歳の白秋は希望に満ちた青春と、早春の息吹を同調させた。

三月　当地はまだ冷たい風が吹きすさんでいます　山の梢ばかりが目に入るというふうです（昭和八年三月二十二日、友人・安原善弘宛）　（中原中也）

※解説・まだ冬が居座る春を伝え、依然暗く冷え切った内心をほのめかした。

四月　只今修善寺にいます。もう一週間ばかりいます。まだ当分いるつもりです。木の芽が非常に美しい。水の音が毎日している。その中でごろごろしているのは甚だ幸福で閑寂です（大正十四年四月十九日、友人・石黒定一宛）（芥川龍之介）

※解説・「閑寂」とは、物静かで落ち着いた様子。新緑の温泉場の安らかな風情と、落ち着いた気分が混ざり合ったようすを伝えている。

五月　山中に今さかりに咲いている馬酔木《あせび》の花をこんなに心しずかに見たことがありません（昭和十二年五月二日、弟子であり恋人であった永井ふさ子宛）（斎藤茂吉）

※解説・いつもあなたと一緒という花言葉のある馬酔木は春の花。恋人ふさ子をイメージして書いた。

六月　すがすがしい初夏がようやく光と暑さの夏に移ろうとしております（昭和十一年六月十六日、恩師・橘宗利宛）（立原道造）

※解説・真夏の到来を伝えることで、青春の生のほとばしりを予感させた。

《時候の位置》

形式にとらわれず

手紙を学び始めた頃から、疑問に感じていたことがある。それは時候のあいさつの位置だ。

時候は**手紙**の冒頭に置くのが習わしだという。たとえば立春を過ぎた今なら、まず、「余寒お見舞い申し上げます」などと掲げる。あるいは、「拝啓　残寒の候、益々《ますます》ご清祥の事と存じます。さて、折り入ってお願いが…」と書くのがいいと、明治以来の各種の**手紙**の教本は示している。

なるほど、余寒見舞いは時候から入るのが自然だ。しかし、お願いの**手紙**を時候から始めなさいと言われると、正直なところ違和感がある。何か頼まれるのは誰だって嫌なので、さしあたり時候で雰囲気を和らげ、相手が油断したスキにお願い事を始めるといった魂胆が見え隠れするからだ。また、お詫びの**手紙**などは、悠長に時候のあいさつから始めるより、まず冒頭でお詫びの気持ちを明確に示すほうがよい気がする。

依頼やお詫びに限らずその他の**手紙**も、概ね時候を冒頭に置くのが原則とする作法は本当に正しいのだろうかと不審に思い続けていたところ、先達が実例で解答を示してくれた。

たとえば福沢諭吉は、このように**手紙**を書き出した。

未《ま》だ不得拝顔《はいがんをえず》候《そうら》え共《ども》一簡呈上仕《つかまつり》候《そうろう》。時下寒冷の節相《あい》成《なり》候《そうら》得《え》共《ども》愈《いよいよ》　被成御清適奉大賀候《ごせいてきなされたいがたてまつりそうろう》

意味は、「まだお会いする光栄を得ていませんが、謹んでお**手紙**を差し上げます。目下寒冷の時節となりましたが、益々お健やかにお過ごしの事とお喜び申し上げます」。

必ずしも時候が先頭に来なくてもいいらしい。

また、青春のさなかにあった二十三歳の芥川龍之介は、親友にこう書いた。

今君が比叡からよこした**手紙**をよんだ…何物にか追われている僕自身を下等に思う…僕自身をみじめに思うそうして社会と自然との圧迫を端的に感じつつある僕自身の将来を不安に思う　東京も寒さが厳しくなった

なかなか希望を見いだせない鬱屈《うっくつ》した思いを、寒い季節に重ね合わせ、印象深く締めくくった。

作法の基本にしばられることなく、時候は、それぞれの**手紙**になじみやすい場所を与えるのがよいと、先達は教えている。

◉時候のあいさついろいろ その2

時候のあいさつは、春暖の候、盛夏のみぎりなどの常套句がよい場合もある。しかし、季節感のある身近な風物を伝えるほうが効果的なときもある。

七月　山の草木ますます繁茂。百花さき乱れ、千態万様《せんたいまんよう》の自然の意匠に感嘆するのみです（昭和二十一年七月十五日、友人・宮崎稔宛）　（高村光太郎）

※解説・山の草木が茂り、花がいろいろ咲き乱れ、さまざまな自然のデザインに驚いていると伝え、精神の瑞々しさを表現している。

八月　あつい事で御座います　私は早から晩までサル股一つでいます　御郷里の方は多少涼しい事と存じます（大正三年八月一日、知人・大谷繞石《じょうせき》宛）　（夏目漱石）

※解説・すでに文豪として名を馳せていた漱石のサル股姿は、暑さに苛立つ相手の心をさぞかし慰めたにちがいない。

九月　電車に乗る人、白地の浴衣《ゆかた》が日に日に稀になって、遂に都内に秋が来た。夜も昼も虫の聞える三階の窓に移った（明治四十一年九月七日、友人・宮崎大四郎宛）（石川啄木）

※解説・草木や気象ではなく、衣替えを伝えることで都会の季節を表現した。

十月　だんだん秋がふかくなりますね。…いつぞやあなたと山から持ってかえって植えた萩ですね、あれが五本、根ついて咲いて散りました（昭和八年十月二十一日、友人・近木《ちかき》黎々火《れいれいか》宛）（種田山頭火）

※解説・花が咲く喜び、花が散りゆく秋の喪失感を伝えた。

十一月　東京は風や雨や毎日いやな日ばかりでしたがきのう一日だけはめずらしくよく晴れた日で佐久の秋晴をおもい出しました（昭和二十六年十一月二日、友人・楜沢《くるみざわ》龍吉宛）（佐藤春夫）

※解説・ふさぎがちな気分の中、清涼感に満ちたなつかしい思い出に、感謝する気持ちを表現した。

十二月　こちらも雪です。例年より寒いようです。米はとれても廉《やす》くてみんな困っているようです。また書きます（昭和五年十一月十八日、知人・菊池信一宛）（宮沢賢治）

※解説・例年より寒い冬によって米作農家の困難を強調した。

《様子を聞く》

親愛こめ
自分らしく

モーツァルトは、**手紙**で友をこう気づかった。

最愛の友よ。最高にお元気なことと思います。いつもお体には気をつけてください。健康こそは、この世で何よりもありがたいことですから

人に健康の大切さを説いたのに、夭折《ようせつ》したのはいかにも残念だ。

手紙で相手の健康を気遣うことは、洋の東西、今昔を問わず、あまねく行われてきた習慣で、今も日本の**手紙**の常識の一つであることは、いうまでもない。

「拝啓　炎暑の候、ご清祥のことと存じます」などと、時候のあいさつの後に、すぐに相手の健康や幸福をたずねたり、喜んだりするといった具合だ。

そもそも**手紙**という言葉は、江戸時代に定着したらしく、それ以前は「消息」と書いて「しょうそこ」と呼んでいたこともある。

「消」は「死」を、「息」は「生」を意味し、**手紙**を書くことの第一要件は、無事の確認だったことが、この呼称によって知ることができる。

古今集の在原業平の和歌に「名にし負はばいざ言問《ことと》はむ都鳥《みやこどり》わが

思ふ人はありやなしやと」がある。都鳥という名を持つ鳥なら、さあ聞いてみよう、私の恋人は、在るのか無いのか――つまり生きているのかいないのかと懐かしむ歌だが、煎じ詰めれば、消息への関心に辿《たど》り着くのかもしれない。

だから、相手の様子をたずねるあいさつを、単なる儀礼と、ゆめゆめおざなりにしてはならない。心をこめて記すことが、何よりの親愛の証しとなる。

とはいえ、やはり定型句では真情を伝えにくい場合がある。自分らしい言葉で、相手との関係にふさわしい様子のたずね方ができるといい。

ある夏の日、夏目漱石は伊香保温泉に逗留《とうりゅう》中の門下生にはがきを書いた。

君は今雲を見てくらして居るだろう。今小説をかいて居る多忙蒼空《あお》にぽっかり浮かんだ白雲を、宿の縁側に寝転んで眺めている様子を想像し、うらやみ、また、もしそうでないなら、そうしなさいと勧めている。

漱石らしい悠然とした消息のたずね方だ。

◉相手の様子を聞くフレーズいろいろ

たとえ実質的な援助や見舞いにはならないとしても、相手の様子をていねいに尋ねること自体が、相手にはありがたい、いたわりのひとつとなる。

残暑雨後一段の威を加え候やに存候《ぞんじそうろう》御地《おんち》の炎《えん》威如何《いいか》に候《そうろう》や御摂養専一《せんいつ》に存候

（夏目漱石）

※意味・残暑が雨の後一層勢いをましたかに思われます。そちらの暑さの猛威はどうですか。お体を大切するのが一番と思われます。

胃の方はつづいてよろしきか　熱は出ませぬか　奥さんは来ましたか　例の朝鮮陶器を贈りましたか

（西田幾多郎）

それよりおまえさんの三十七度五分には少しこまる。それは午《ひる》頃なのか晩なのか。それこそ平温にしてはちと高すぎるようだ。それで何にもからだにかわりはないのか。このつぎによくいってよこしてもらいたい。（森鷗外）

御病気だそうですが如何ですか、ちっとも知りませんでした、又富士へでも上って居られる事かと思って居たのですが、どんな御病症ですか兎に角入院なさるようでは感冒位ではない事と思われます。どうか御大事に願います（寺田寅彦）

きょうは十八日にもなりますか　まだ御上京のないところを見ると　その後の御回復がはかばかしくないのではないかと御案じ申しています。御様子をお知らせ下さい。（島崎藤村）

その後はさぞさぞ御淋しき事と御察申上候　（永井荷風）

きのうは大地震の報できもをひやしました。きっと御無事とは思いますが、念のため、御安否おたずね申し上げます。（太宰治）

その後無恙《つつがなく》御《ご》消光《しょうこう》の事と存候　（芥川龍之介）

※解説・「無恙」は、平穏無事。「御消光」は、暮らすこと。

《短い手紙》

情感あってこそ

これより短いものは他にない。それは、アカデミー賞に輝いた映画「レ・ミゼラブル」の原作者ビクトル・ユーゴーが、この本の出版当時、出版元と取り交わした**手紙**だ。ユーゴーが出版社に一文字「?」と往信。それに対して出版社は、「!」とだけ返した。「売れ行きはどうでしょう?」「驚異的です!」という意味だった。

また、ジュリアス・シーザーの短い**手紙**も有名だ。エジプト攻略後小アジアに侵入し、四時間ほどの交戦で勝利した際、ローマに、「Veni, vidi, vici」(来た、見た、勝った)と送った。短さゆえに、行軍の勢いとはじける喜びが生き生きと伝わってくる。

一方、日本の代表的な短い**手紙**といえば、徳川家康の家臣本田作左衛門重次が陣中から留守宅に送った**手紙**だ。

一筆啓上　火の用心　お仙泣かすな　馬肥やせ

火の元に注意し、子どもを大事に育て、大切な馬の世話を怠るなという内容で、要点が明確、という利点を備えているだけでなく、リズム感のよさがほどよいユーモアや明るさを醸し出し、差出人の心身の健康をも知らせている。

健康の通知といえば、寅《とら》さんこと渥美清さんが、映画のロケ先から母親に送ったはがきも、短かったようだ。永六輔さんの話によれば、文面はいつも同じで「拝啓　母ちゃん、俺、元気」。わが子の無事を願う母親を安心させることは、映画の評判の高さの報告などより、はるかに重要だ。

古来、**手紙**の作法の一つとして「筆短情長」がある。言葉は短く情感は深く、という教えだ。長いばかりで心のこもらない**手紙**を戒めている。しかし、短ければよいのではない。読後の余情を深くするには、まず受け手が信頼や願いや愛情などの成分でできた心の琴線を、ピンと張ることが必要。そして、送り手がその琴線の正しい位置を短く爪弾くと、妙《たえ》なる音色がいつまでも豊かに広がるのである。

かつて、第一回南極越冬隊員たちのもとに、家族から便りが打電された。南極での越冬がまだ限りなく命がけの冒険に近かったころのことだ。隊員たちは互いの電文を公表し合い喜んだ。しかし、ある隊員へのたった三文字の電文が読み上げられたとき全員絶句した。

「アナタ」

日本で一番美しい短い**手紙**だ。

◉短い手紙いろいろ

短い手紙は、意味が明確に伝わらないこともある。しかし、明確に限定しないことで、想像の余地が広がり、余情を深くすることができる場合もある。

夏のお料理は体裁よりきどりより何より蝿をたからせないのが第一に候　理屈はよしてもアノ汚さッたらありませんからね　煮たてのもの、あつい番茶結構　（泉鏡花）

拝呈　陳者《のぶれば》過日ハ御丹精の珍果ありがたく御厚情忝《かたじけな》く奉存候《ぞんじたてまつりそうろう》　拙句御笑草まで　匆々　（永井荷風）

※解説・「匆々」の「匆」は、いそぐ、あわてる、という意味。現在は「草々」で代用されている。「草々」には、慌ただしくてすみません、粗略で申し訳ありません、という意味がある。

山岸君ありがとう。人の情を知りました。あの、おハガキでも、身にあまる。よい初春迎えるように。さよなら。（太宰治）

モウスコシデ杏奴ヤ類ノトコロヘカヘラレルヨウニナッタ。十一月十九日　ナラ　森　（森鷗外）

※解説・杏奴は森鷗外の次女、類は三男。鷗外は出張先から毎日のように子供たちに短い文章のはがきを出した。

山中に今さかりに咲いている馬酔木《あせび》の花をこんなに心しずかに見たことがありません、選歌を二日がかりでしました。強羅一福旅館にて、（斎藤茂吉）

※解説・茂吉が弟子の若い女性と老いらくの恋に落ちた際に書いた手紙。満ち足りた気持ちを伝えた。

今日は大雪です　寒さを冒して本郷へ来ました、散髪屋の釜がわれていて頭をろくに洗ってくれなかったので石鹸の泡をつけてあるいています、この間はいい御手紙を有難うございました、外村にはまだ会いませんが一度喜ばせてやります、（梶井基次郎）

蚤に閉口してまた引越した。いつか兄とふぢと三人で散歩した代々木の原の向うだ。まるで田舎だ。外は畠。景色はいいが不便だ不便だ。九月二十四日（鈴木三重吉）

久しく音信がなかった故御病気でもないかしらと思っていました大文字の火がすむと秋らしくなるがまだ暑い（西田幾多郎）

大に貴説に反抗いたし、定めしにくきやつとの感情を抱きて御帰宅相成りしかと思えば、心苦しくこの葉書差上候次第。（島崎藤村）

故郷岡山の小林寺で花を見て酔っぱらい申候。満目愁然。（竹久夢二）

※解説・「満目」は、あたり一面、「愁然」は、うれいに沈むようす。

《締めくくり》

未来拓くか
閉じるか

親友の妻へのせつない恋心を「あれ秋風よ情《こころ》あらば伝えてよ…さんま苦いか塩《しょっ》ぱいか」と詩に託したのは、佐藤春夫だった。そんな不埒《ふらち》な情熱を知った親友、谷崎潤一郎は、佐藤に絶交状を書き、最後をこう締めくくった。

恐らく僕は君とキッパリ絶交するハメに立たされるだろう

「キッパリ」といいながら遠回しな表現を選んだのは、絶交が無念だったから。感情を抑え敬意をにじませたのも同じ理由からだろう。

手紙の用語では、締めくくりの言葉を、終結のあいさつなどと呼ぶ。「まずはお知らせ（お礼・ご報告・お祝い・お見舞い）まで申し上げます」「以上、くれぐれもよろしくお願い致します」などが一般的だ。

これらを使うと、**手紙**のテーマがより明確になるという利点がある。しかし、型通りの終結は型通りの思いしか伝えられない。

志賀直哉は、作家志望者の原稿を読み、率直な感想を**手紙**で述べ、こう締めくくった。

これからも続けて君のもの見せて貰《もら》いたいと思います、出来不出来は仕方ありませんから、出来たもの次ぎ次ぎと見せて下さる事を望みます今後も志賀の格別な優しさを期待できると知り、きっと受け手は大いに喜んだに違いない。

あるいは北原白秋は、隣家の人妻に恋をして、絶望感を相手に**手紙**で訴えた。

世の中の事というものは何事も思うようにゆくものではない。…遂《つい》には裁判沙汰になったとする。…私は果たしてどういう社会の侮蔑《ぶべつ》を蒙《こうむ》るか…芸術の名誉もない

そして次のように結んだ。

私はもうこれで筆を擱《お》く。最後に就寝前の火のようなキッスをお前の真紅《まっか》な唇におくる

本文でいかに絶望を語ろうと、「火のようなキッス」こそが明確な結論で、二人の明日を指し示していた。

手紙をどう終わるかは、相手との未来をどう拓《ひら》くか、閉じるかという問題に大きく関わる。

谷崎が終結で示した無念と敬意は、数年後に二人の友情の復活をもたらした。白秋が文末で示した明確な結論は、姦通《かんつう》罪による二人の収監と出獄後の結婚を実現させたのだった。

◉締めくくりのフレーズいろいろ

本文で多少くだけても、文末ではていねいを極めるのが手紙の作法の基本だ。そして相手と内容によっては、余情をたたえて締めくくるのが効果的となる。

こんなばかげたことを書き散らして、時間を無駄にさせてすみません。なにかしなければならぬことがあったのでしょうに。終わりにします。さあ、二杯の水としょうが入り菓子パンを一個たべるため出かけます。（ショパン）

※解説・メールが長文になってしまったとき、「最後まで読んでくだり、ありがとうございます」と書く人がいる。とても親切な印象がある。ショパンも同じ気遣いをしていた。

きょうは、お礼やら、おわびやら、お見舞やら、不文《ふぶん》ごたごたしてしまっておゆるし下さい。御病人の御快癒を祈って居ります。（太宰治）

※解説・「不文」は、下手な文章のこと。自分の文をへりくだっていう言い方。乱筆乱文にて失礼、と同じ。

さて、私の愛する母上及妹、昼食をおいしく召上れ、もしまだ済まないのなら。私はこれからやります。左様なら。（ニーチェ）

末筆になったが奥様、赤ちゃんの御機嫌を伺います、匆々に筆をとり乱筆失礼　（梶井基次郎）

乍憚《はばかりながら》令夫人にもよろしく願上候　（寺田寅彦）

※解説・「乍憚」は、失礼ですが、恐縮ですが、という意味。

御多忙中へいろいろ御手数すみませぬ　御返事ゆっくりでよろしゅう御座います　（西田幾多郎）

※解説・返事を急かさない配慮がすばらしい。

今は自分の歯よりも彼の身上の方が心配であります。何れ御面会の上委細お話し致します。匆々　（内村鑑三）

※解説・「委細」は、その他の細かいこと、という意味。

家内よりも　呉々よろしく申居ります　御主人へも　御鳳声をもって　厚く御伝え願います　（吉川英治）

※解説・「鳳声」は他人の伝言を敬っていう言い方。おことづて。

余はいずれ御面会の上にて　（永井荷風）

※解説・「余」とは、手紙で伝えきれなかったこと。

《追伸》

人を育て
心の絆結ぶ

年賀状を書くときには、謹賀新年などの賀詞のほかに、余白に自筆を一筆添えたほうがよい場合がある。

では、添え書き、すなわち追伸には、どのようなことを書けばよいのか。一般的な追伸は、大別すると次の三種類になる。

一、本文で言い忘れた別の用件。

二、本文の内容の補足。

三、本文の趣旨の強調、念押し。

志賀直哉は、七十六歳の時、十三人目の孫が生まれる際、「謹賀新年元旦」だけのシンプルな印刷年賀状に、手書きでこう添えた。

今晩入院しました　明日は十三人目が生まれる筈《はず》です　家内が男か女かカケをしようといい、自分は男だと思うというので私も男だと思うといい、カケになりませんでした　今朝五時半電話がかかり、女の児が生まれたそうです

短いが小説の神様とたたえられた志賀直哉の面目躍如たるストーリー性とオチの妙を満喫できる一文だ。

この追伸の種別は、一と三ということになる。内容的には別件ではあるが、出産という華を添えて年賀のめでたさを強調することに

成功している。

また、現代でも優れた年賀状の添え書きを見ることができる。

「年賀状思い出大賞」（挨拶状ドットコム・株式会社グリーティングワークス主催）の平成二十五（二〇一三）年の大賞、河野正人さんの作品には、こんな話が紹介されている。

新入社員一年目。必死で働いていたが、全く結果が出なかった。成果をあげる同期を見て落ち込んだりもしたが、それでも一生懸命働いていた。その年の正月に当時の部長から来た年賀状。『俺は見てるぞがんばれ』の文字。本当に嬉《うれ》しく、腐らずがんばろう、と思えた

これを励みに河野さんは売り上げを伸ばし、評価を上げると、翌年の年賀状には、「みんな見てるぞ、がんばれ」。さらに翌年も頑張ると、「もう俺が見てなくても大丈夫だな」。そしてまた次の年には、「もう見られないけど、がんばれよ」。これを最後に上司は定年を迎えたそうだ。

一言の添え書き、追伸が人を育て、心の絆を強く結ぶこともあるようだ。

◉追伸のフレーズいろいろ

追伸には書き忘れたことを書く。本文の内容を念押ししたりするために書くこともある。意図的に本文ではなく追伸にして印象づける場合もある。

是非やってくれなくてはいけない、いやだ抔《など》というと卒業論文に零点をつける（夏目漱石）

※解説・英語講師をしているとき、漱石は親しい門下生に用を頼み、小遣いを与えていた。もちろん「零点をつける」は冗談。パワハラなどではない。

追白　手許に十円ばかりあり。御不如意の由なれば失礼ながら用を弁ぜられ度《た》し。御返済は卒業して金がウナル程出来た時でよろし。（夏目漱石）

ぼくたちのかなしみを笑うひとは、殺す。取り乱したまま投函。（太宰治）

たったいまぼくが山ほどばかげたことを書いたのに気がついた。昨日からぼくの妄想がたくましく動いているのだが、まだつづいているのがわかるだろう。それでぐっすり眠れないのだ——疲れきっているのだ、許してくれ——（ショパン）

五月号にはフランスの子供の作文をどっさり、のせます（鈴木三重吉）

雪が見たくなりました（石川啄木）

二伸　林檎の花さくの《ママ》頃のイギリスの田舎の景色は実に忘れ難き美しさに有之候、其頃のケムブリヂ、又オクスフォードの古き大学街を観る事を御忘れなきよう願上候（寺田寅彦）

御返事、必ず不要です。（太宰治）

二伸　御令室御令妹にも宜敷《よろしく》御鳳声を祈ります、赤ちゃんの御健康を祈ります、ベビーコーラスの賑やかさは御察し致しますが併し目出度い事であります（寺田寅彦）

…ご忠告については、儼《げん》たる作品にて、お答え申します。いま、苦吟。五六日お待ち下さい。太宰治　私の態度の謎がとけます（太宰治）

※解説・「儼」は、おごそかなようす。

今日はまだ寒い春雨が巴里の街路をぬらしています。（島崎藤村）

《宛先・宛名》

感謝と敬意こめて

宮沢賢治の「銀河鉄道の夜」は、主人公のジョバンニが「銀河ステーション、銀河ステーション」という声を聞き、ダイヤモンドをちりばめたような美しい光景にわが目を疑い、何度も目をこするところから旅が始まる壮大なスペースファンタジーだ。

そんな話を思い出させる、すてきなはがきをもらった人がいる。宛先には、「銀河系、太陽系、第三惑星地球、北半球、アジア州、東アジア、日本国、中部地方、東海地方、静岡県駿東郡長泉町…」(『年賀状のちから』より)と書かれていたそうだ。

ただし、一般的には、はがきや**手紙**の住所を書くときには、いうまでもなく「静岡県」からでいい。そして宛名は、はがきや封筒の真ん中に大きめに相手のフルネームを書き、「様」をつける。

宛名の相手が何人もいるときに、「様」を一つだけ書いて間に合わせることがあるが、「様」をケチるのは失礼となる。それぞれに「様」をつけるのがていねいだ。

昔は「殿」を使うこともあったが、「殿」は威張った感じになるので、今は「様」の方がいいとされている。

相手が先生なら、フルネームの後に「先生」とだけつける。「先生様」とは絶対しない。

そして、相手が企業や官公庁、学校などといった団体などの場合には、「御中《おんちゅう》」を用いる。

字の大きさは、宛名の大きさ（一文字の面積）を十としたら、宛先は八、自分の住所は三、自分の名前は五ぐらいの大きさで書くと読みやすく美しい。

読みやすさは郵便局の人への感謝の証しであり、美しさは相手の住所氏名に対する敬意の表れとなる。

切手もおざなりに貼らずていねいに貼ると、その思いがきっと伝わる。

宛先、宛名は、**手紙**やはがきを書くときは、最後に記すことになる。だが、受取人は、それを最初に見る。すなわち、第一印象となることを忘れてはならない。

芥川賞作家の津村節子さんからはがきをいただいた私の知人が、つくづく感心したことがあったという。宛先と宛名にロウが塗られていたそうだ。雨に濡《ぬ》れてもにじまないようにというこまやかな配慮だった。

◉漱石が教える宛名・自署名の書き方

夏目漱石はあるとき、若い門下生の手紙の書き方に失礼があると叱った。今でも参考になる宛名と自署名の書き方の常識なので、ここに紹介しておく。

漱石は、門下生の野間真綱から手紙をもらい、こう教えた。

人のところへ手紙をよこすに名《な》宛《あて》人《にん》の名前丈《だけ》かくなんてえのは失敬だよ。自分の事は大抵の場合には〈真綱〉とばかりかいて姓（＝名字）もかかないのが礼義である。先方を尊敬し様とする場合には向うの姓丈かいて名を略す或《あるい》は其《その》人《ひと》の号をかく。自分の号を書くのは矢張失礼になる

野間真綱は漱石への手紙の最後に、こう書いたのだった。

一月四日　　野間
金之助様

そこで漱石は、次のような図と解説入り、正しい名前の書き方を教えた。

「尊敬の場合」

一月四日
　　　真綱
夏目様

「同等の場合」

一月四日
　　　野間真綱
夏目金之助様

「極懇意の場合又は目下へやる場合」

一月四日
　　　真綱
金之助様

尊敬すべき相手や目上には、名字だけを書く習慣は今でもある。また、その手紙に自分の名前を書くときは、ペンネームは失礼というのも現在の常識だ。ただし、改まった手紙に自分の姓名の名だけを書いて相手を敬うという習慣は、今はほとんどない。

ところで、漱石は野間への返信の最後にどう書いたか。こう書いた。

一月四日
　　　金之助
真綱様

目下へという意味ではなく、極懇意の場合として、こう書いたに違いない。

【敬語】

いい塩梅に

ある出版社から雑誌が送られて来たとき、送付状に次の一文を発見したことがある。

小誌を御恵贈申し上げます

墨跡鮮やかな達筆だったので、うっかり見逃すところだったが、これは明らかな誤りだ。

恵贈は、本来贈られる側が、へりくだってありがたがる気持ちを表す言葉で、贈る側が使えば無論失礼となる。ちなみに正しくは「ご贈呈」。

使い慣れない敬語の誤用は、誰しも犯しがちな過ちだ。だから改まった**手紙**は、とりわけ書きにくい。

しかし、かといって不備のない敬語を連ねるだけでは、真意や誠意が伝わりにくい。また、敬語も度が過ぎれば、慇懃《いんぎん》無礼のそしりを受ける。

古語にこんなものがある。

「**手紙**は打ちとけてもよし、四角張りもすべし」

カジュアルとフォーマルの使い分け、あるいはそれら二つの要素の混合比が重要だという教えだ。

国木田独歩《くにきだどっぽ》は親友の結婚に際して、こんな書き出しのお祝い状を書いた。

粛啓　謹《つつしん》で御結婚を祝し候

たとえ普段はざっくばらんに言い合う仲でも、厳粛な結婚という節目に際しては、十分かしこまって祝意ていねいにを伝えるのが好ましい。

「粛啓」は、謹んで申し上げますという意味で、「拝啓」などより改まった思いが強くこもる頭語だ。さらに独歩は「謹で御結婚を…」と続け、一層敬意を深めている。

この**手紙**はこの調子でしばらく続くが、独歩は堅苦しいままでは終わらせていない。

最終行で候文をやめ、このように大胆な破調を試みた。

さて我友《わが》よ、これよりぞ君が新しき生涯は始まるなり、謹《つつしん》で君が前途の益々《ますます》幸福なるべきを祝す　謹言

独歩はまさに、「四角張り」、「打ちとけ」、いい塩梅《あんばい》に敬語を使いこなし、礼儀正しく、しかも親愛に満ちた祝章を仕上げることに成功した。

◉尊称と謙称いろいろ

「尊称」とは相手の側のものを敬っていう言い方。「謙称」は自分の側のものをへりくだっていう言い方。使い分けに十分注意しなければならない。

	尊称	謙称
場所	御地《おんち》・錦地《きんち》・御地方・御市内・御町内・御郡下・尊邑《そんゆう》（邑＝村）・貴県・尊地・貴地・貴国・貴村	弊地・寒地・僻地・当市内・当町内・当県下・国元・当地・当所・当方・当県・本村
住まい	貴邸・貴家・尊宅・尊家・尊邸・尊堂	拙宅・拙家・茅屋《ぼうおく》（茅ぶきのあばら家）
店舗	貴店・御店	弊社・弊舗・当店
手紙	芳簡・尊簡・玉章・芳墨・貴墨・華墨	書状・寸書・寸簡・卑簡・一筆・寸箋・本状
授受	御笑納・御査収・御領収・御入手・御検収	拝受・落手・入手・頂戴・受納・御送付

会社 銀行	貴社・御社《おんしゃ》・貴行	本社・小社・弊社・弊行・当行・本行・当社支店・本行支店
訪問	御来光・御訪問・御来臨・御来車	お訪ね・お伺い・ご訪問・拝趨
意見	御高見・御卓見・御名案・仰せ・御意見	愚考・愚案・愚見・私見・僻見・卑見・所感
安否	御健勝・御清栄・御清穆《せいぼく》・御無事	無事・健在・消光（月日を送ること）
学校	貴校・貴大学	本校・当校・本学
官庁	貴省・貴署・貴庁	本省・本署・本庁
病院	貴院・貴クリニック	本院・当院・当クリニック
団体	貴協会・貴会・貴組合	本協会・当協会・当会・当組合
品物	美酒・佳肴《かこう》（うまい酒の肴）・尊影（相手の顔・姿の写真）・佳品・結構なお品	粗酒・粗肴・粗品・小照《しょうしょう》（自分の顔・姿の写真）

【一通一用件】

「ついで」は礼を欠く

原則として、一通の**手紙**に書く用件は、一つだけにするのがよい。たとえばお礼と依頼、二つの用件を一通に書けば、依頼のついでにお礼を言ったと誤解され、失礼になりかねない。お見舞いと依頼、お祝いとお詫《わ》びなどの組み合わせも言語道断だ。二つの用件にとどまらず、お見舞い、近況報告、お詫びなど、三テーマ以上を盛り込むのは、一般的にはもってのほかと言わざるを得ない。

だから良寛も、用件は一つだけにした。こんな**手紙**がある。

いんきんたむし再発致候間《いたしそうろうあいだ》万《ばん》能《のう》功《こう》一《ひとつ》御《ご》恵《けい》投度下候《とうくだされたくそうろう》　以上　七月九日

皮膚病を発症したので膏薬《こうやく》をお恵みくださいという意味。夏期、山中の草庵《そうあん》で暮らす良寛の股間の衛生状態は良くなかったようだ。

あるいはこんな依頼状もある。

ハイコンニチハ　何卒《なにとぞ》雑炊《ぞうすい》の味噌《みそ》一かさ被下度候《くだされたくそうろう》。ハイサヨナラ

これもまた一通に一用件だ。

そして、いただきものにはお礼を書いた。

てまりたまわり　たしかにうけとりまいらせ候　ことにもようもうつくしくできよろこび入候《いりそうろう》

子どもたちと遊ぶための模様の美しい手毬《てまり》を贈られ喜びを伝えた。この**手紙**にあるのは礼意だけで、同時に味噌の依頼はしていない。以上三通いずれも簡略で愉快な**手紙**だが、すべて一通一用件の原則が貫かれ、**手紙**の作法にかなっている。

手紙を書くのももらうのも大好きだった夏目漱石は、しばしばお礼、お詫び、依頼などを一書に混入させた型破りな**手紙**を書いた。生き生きとした文面に仕上げるために、思いつくまま何でも書いたほうがよい場合もある。しかし、漱石も通常はやはり原則を守り、気の置けない門下生、寺田寅彦の訪問を留守中に受けたときには、こんな**手紙**を書いた。

> きのうは留守に来て菓子を沢《たく》山《さん》置いて行って下さいましてまことに難《あり》有《がと》う存じます…あの菓子は暑中見舞なんだろうと想像しましたがそうなんですか　夫《それ》とも不《ふ》図《と》した出来心から拙宅へ来て寝転んで食う積《つもり》で買って来たんですか　そうすると大いにあてが外れた訳で恐縮の度を一層強くする事になります

親しさから生まれる漱石一流の楽しい憎まれ口も混じるが、お礼という一用件だけをていねいに伝える、礼を尽くした**手紙**といえる。

◉手紙の心得いろいろ

昭和九（一九三四）年に発行されベストセラーとなった手紙の指導書『作法文範古今名家 書簡文大集成』から、よい手紙を書くための心得を紹介しておく。

○一度書いた手紙を必ず読み返して見よ。
（解説・誤字脱字を必ずチェック）

○タッタ一本の手紙では思わぬ出世の緒《いとぐち》を見付ける実例もあれば、不注意の一片の葉書に依って十年の知己を失った例もある。（解説・一言一句、おろそかにできない）

○一度も面識のない人に出す手紙は一層念入りに認めよ、会わぬ先からよりよき第一印象を与えることは社交の第一要諦だ。
（解説・何事も最初が肝心）

○百の美辞麗句より一の真情。

○手紙は弾丸の如し、出してしまったにあとは取返しがつかなぬ、前以て萬端遺洩のない様に注意せよ。

○手紙の返事は明日と言はず今日、今日と言はず即刻スグその場で書け。

○感情の激した時はその場で直《すぐ》に手紙を書くな、成《なる》可《べ》く日を置いて冷静になってから書くがよい。

○手紙は形となって後まで残るものだ、絶えずそう思って書け。

○とに角この一本の手紙で自分の全部を評価されるのだ、と言う考えを忘れるな。

○例え如何に親しい仲でもあまり馴々しく

粗略に流れるは失礼である。と言って、見え透いた空々しさも不可、所謂お義理手紙の紋切型では何の感動すら与えない。

○如何に名文でも魂の籠っていない手紙は死物に等しい。

○手紙上手の秘訣は先ず書くことが第一、読むことが第二。

○自分の言いたいこと許り述べて相手の存在を無視する様な書き方をするな、必ず先方の近況身辺を尋ねよ。

○達筆の走り書きで判読で苦しむようなものより、下手は下手なりで判り易い方がよい。

○手紙で書くべき用件か、ハガキで書く可き用件か、先ず先にそれを考えよ。

○感謝文、礼状、謝罪文等は、あまりに平《へい》調《ちょう》（おだやかな調子）にすぎては誠意の程を疑われる。

○魚の沢山いる川へ網を投じ様とするのが普通文で、唯一尾の魚を追い回して捕えようとするのが書簡文だ。

○敬語を無闇矢鱈に使って崇め奉ると、往々《おうおう》（しばしば）人を小馬鹿にしたような結果を招くような事になるから注意せよ。

○手紙を書く時の心遣いは敬と愛に尽きる。

○熟語の二行割れ、切れ字の続出を慎め。

（解説・一つの単語が二行に分かれないように注意して書く）

○宛名を真二つに折り畳むは失礼に当る。

（解説・便箋を折るとき、相手の名前を折らないように注意する）

○代筆の場合は、代筆による旨を書き添えて責任を明かにせよ。この場合はせめて署名丈《だけ》なりと本人がせよ。

【忌み言葉】

タブーへの感覚

「まっすぐな道でさみしい」「笠《かさ》にとんぼをとまらせてあるく」などの自由律の俳句によって知られる種田山頭火《たねださんとうか》は、旅の途中で彼の精神的、経済的支援者であった親友に、こんなはがきを書いた。お正月のことだった。

明けましておめでとう存じます、…新年早々不吉な事を申し上げてすみませんが、ゲルト五円貸して戴《いただ》けますまいか

ゲルトとはドイツ語でお金のこと。これが書かれた昭和四（一九二九）年当時の五円の価値は、今の一万円前後と思われる。山頭火は酒でお金を使い果たし、宿代を支払えずにいたのである。

ここで注目すべきは、山頭火の並外れた身勝手とともに、年賀状には不吉なことを書いてはならないという常識の存在だ。そもそも日本人は、お金を不浄のものとし、さらには、借金の依頼という差し迫った困難を、おめでたいお正月に口に出す非礼、無粋を戒める感覚を持っている。

こうした感覚が高じると、不吉な内容の話だけでなく、不吉な言葉への警戒心も強まる。それが忌み言葉と呼ばれるものだ。

宴会の閉会を「お開き」というのは、閉の字の縁起が悪いからで、

スルメを「アタリメ」と呼ぶのは、スルが掏《す》り取られるを連想させるためである。

お祝いごとの関係では、次のような忌み言葉がある。

◎結婚祝いの忌み言葉…別れる・切れる・戻る・たびたび・帰る・終わる・破れる・割れる・去る、など。

◎全快祝いの忌み言葉…弱る・寝る・続く・重なる・繰り返す・再び・度々・四・九、など。

◎新築・開店祝いの忌み言葉…傾く・火・失う・潰《つぶ》れる・倒れる・朽ちる・落ちる・詰まる・閉まる、など。

何かよいことを言うために使う場合にも、忌み言葉は避けたほうがよいとされている。

たとえば、「結婚式への出席が待ち切れません」ではなく、「待ちどおしい」とするのがよい。

結局山頭火は親友からの助けが得られ旅の続行が可能となった。あえてタブーを犯したけれど、タブーの常識を一応踏まえたことが、この非常識な依頼を成功させた一つの要因になっているのかもしれない。

◉各種の忌み言葉

忌み言葉はあまり気にする必要はない。けれど、相手を不愉快にさせるような言葉は、できるだけ避ける努力をするのが当然の気遣いだろう。

結婚祝い	◉夫婦の別れを連想させる言葉、再婚を連想させる言葉が、結婚祝いの忌み言葉となる。たとえば、以下の通り。 別れる／終わる／短い／切れる／冷える／切る／去る／出る／離れる／飽きる／割れる／壊れる／滅びる／途絶える／苦しい／悲しい／破れる／追う／浅い／薄い／戻る／折る／たびたび／つくづく／くれぐれ／しばしば／重ね重ね／再び／再度／返す返す／再三／次々／追伸　など
妊娠・出産祝い	◉流産や難産を連想させる言葉が、妊娠・出産祝いの忌み言葉となる。たとえば、以下の通り。 消える／流れる／落ちる／弱い／浅い／薄い／崩れる／おろす／下がる／詰まる／滅びる／死ぬ／四／九／破れる　など

新築祝い	◉火事や倒壊を連想させる言葉が、新築祝いの忌み言葉となる。たとえば、以下の通り。火／炎／煙／壊れる／流れる／朽ちる／赤／焼ける／燃える／閉じる／失う／潰れる／倒れる／散る／傾く／錆びる／緋　など
開店・開業祝い	◉閉店、客足の伸び悩み、業績不振、火災などを連想させる言葉が、忌み言葉となる。たとえば、以下の通り。閉じる／閉まる／敗れる／失う／つまずく／負ける／ちる／枯れる／さびれる／しまう／衰える／下がる／倒れる／つぶれる／燃える／火／終わる／退く／減る／閑／不振など
長寿の祝い	◉衰えや死や病気を連想させる言葉が、長寿の祝いの忌み言葉となる。たとえば、以下の通り。ぼける／朽ちる／衰える／欠ける／まいる／終わる／四／九／死／病気　など
お見舞い	◉再発、繰り返しの被害を連想させる言葉が、各種お見舞いの忌み言葉になる。たとえば以下の通り。また／再び／重ねる／追って／なお／返す返す／またまた／浮かばれない／迷う／死／四／九　など
お悔やみ・弔事	◉不幸が重なることや続くことを連想させる言葉が、お悔やみ・弔事の忌み言葉となる。たとえば以下の通り。続く／追う／追伸／引く／切る／重なる／再び／次々／たびたび／また／なお／返す返す／またまた／浮かばれない／重ね重ね　など

《速達》

重要さ強調に効果大

動物学者モースの好奇心に満ちたまなざしは、大森貝塚のほかにも、こんな風物に注がれた。明治十(一八七七)年のことだった。

我々《われわれ》は東京行きの郵便屋に行きあった。裸の男が、竿《さお》のさきに日本の旗を立てた、黒塗りの二輪車を引っ張って全速力で走る。このような男たちはちょいちょい交替し、馬よりも早い(『日本その日その日』モース/石川欣一訳)

郵便はいつの世も迅速を使命としていた。平安の昔には、伝書鳩《ばと》の飼育で天下に名を馳《は》せた公卿《くぎょう》もいたらしい。その帰巣本能を利用した鳩による高速通信、すなわち速達はその後も重宝され、いち早く大事を知らせるために活用された。江戸時代には相場師が利用し、世界大戦時には軍事通信のために重要視された。そして、新聞社の社屋の屋上には、約半世紀前まで鳩舎《きゅうしゃ》があり、鳩によってスクープが届けられることもあった。

現在の速達は、速さという点では、電報、メールにかなわないが、書いた**手紙**やはがきがそのまま届くという特徴は、他の高速通信媒体にはない魅力だ。

また、速達は手渡しが原則なので、通信内容の重要性を強調するにはすこぶる効果的だ。

ある出版社の老練な編集者は、私への連絡に速達を多用した。それほど急を要する内容でない場合もあったのでやや疑問に思い、速達にする理由を尋ねると、「必ずすぐに見てもらえるから。不在で手渡しされずポストに入れられても、速達の赤字に驚き、すぐに見てもらえるから」といっていた。

少々人騒がせなきらいもあるが、なるほど賢い利用法だ。

ちなみに正岡子規も明治三十二（一八九九）年、友人をその日の文章会に誘うための案内状を速達した。こんなスピード感のある言葉をまじえて。

拝啓　只今拙宅に虚子青々来会　文章会を開き　ふき膾《なます》を饗《きょう》し候《そうろう》間《あいだ》　日の暮れぬ内に宙を飛んで御出被下度候《おいでくだされたくそうろう》　以上

意味は、「ただ今私の家に虚子、青々が来て文章会を開き、ふきなますでもてなしていますので、日が暮れないうちに宙を飛んでおいでください」。

速達郵便制度が導入されたのは、明治四十三（一九一〇）年。子規は車夫か家人に託してこの**手紙**を届けさせたに違いない。

◉手紙のマナーいろいろ

マナー知らずの不作法により相手の気分を害すると、コミュニケーションの土台を失うことになりかねない。基本的なマナーを守るのが得策だ。

○改まった手紙を書くならインクの色は黒かブルーブラック

目上、同等、目下に限らず、改まった手紙を書くときは、黒かブルーブラックで書くのが常識とされている。ただし、お悔やみなどの不祝儀の手紙は、薄墨（グレー）で書いたり印刷したりすることが多い。

○はがきか封書かどちらにすべきか迷ったときには

どちらにすべきか迷ったときには、はがき、封書、それぞれの特徴を踏まえて決める。

はがきの特徴――公開文書。誰の目にも触れてしまう／略式の手紙／書ける文章量が少ない／開封の手間がない

したがって次のような場合、はがきが適している。

・誰に見られても差し障りがなく、略式でも失礼にならない気楽な内容のとき。

・相手が忙しい人で、封書で開封の手間を求めるのが申し訳ないとき。

・あえて気楽な雰囲気をかもすほうが効果的なとき。

封書の特徴―非公開文書。内容の秘密が守れる／正式な手紙／書ける内容は原則無制限

この特徴を踏まえると、次の場合は封書が効果的だ。

・差出人か受取人か、または双方が内容を第三者に見られたくないとき。

・改まった気持ちを相手に伝えたいとき。

・はがきでは書き尽くせない文章量があるとき。

○便箋は無理に二枚にする必要はない

便箋一枚で書き終えてしまったとき、白紙を一枚加えて出すのは古い習慣。一枚で出しても失礼にならないと考える人が一般的だ。ただし、一枚目に本文、二枚目に相手の氏名だけになってしまうのは、失礼とされている。そんな恐れがあるときは、二枚目にも本文の一、二行が入るように調整して書くようにする。

○改まった手紙は白の封筒。不祝儀なら白の一重が常識

改まった手紙なら、無地の白の便箋、白の封筒が基本。色便箋でも白に近い淡色なら失礼にならないとされている。封筒も同様。また、改まった手紙の封筒は、内袋のある二重の封筒が用いられることも多い。ただし、改まった手紙でも、お悔やみなどの不祝儀の手紙なら、白の便箋、白の一重の封筒にするのが常識。不祝儀の二重の封筒は、不幸が重なるという連想から、忌み嫌われている。

【SNSの注意点】

誤解ない言葉を選ぶ

昨今交流サイト（SNS＝ソーシャルネットワーキングサービス）の利用者の中で、いじめ問題が起こるケースがあると聞く。

たとえばLINEでAが親しいBのちょっとした失敗に対して、「B、マジ残念！　ダサッ！」と書いたとする。これに対してBが、「エヘッ！　またやらかしちまった！」と答えた。二人だけならここに心の行き違いはまったく生じない。

しかし、これを見たCやDは、「残念」とか「ダサッ」の表面上の強い意味に心を刺され、「A、調子に乗りすぎ」と不快になる。その結果いじめに発展する場合もあるようだ。

こんなことが起こるのは、**手紙**教育の不備が一因になっている。といっても、拝啓、敬具、時候の使い方の勉強ではない。**手紙**の中の言葉の意味は、自分と相手との親しさの度合いによって、初めて確定するということを、子どものころから学んでおいたほうがよい。

AとBの間に置いた「マジ残念！」は、「ダメじゃないか、またやっちゃったの。でもそんな迂闊《うかつ》なところが魅力なんだよね」という意味として二人の間では認識されていた。

ところが、それ以外のあまり親しくなく、意思の疎通が不十分な相手との関係の中にこの言葉を置くと、「マジ残念！」は「ほんと、どうしようもない人だね」などという意味にもなり、Aの真意が伝わらないことがある。

SNSなどで複数の相手が読む場合は、誰が読んでも誤解のない、誰も傷つけない言葉を選ぶ配慮が欠かせない。

さらに、本来相手の数だけ書くべき通信文を同じ一つで間に合わせようとする、このある種の〝手抜き行為〟を反省する姿勢も必要だ。

先ごろ、異動を知らせるこんな書き出しのメールが私に届き感心した。

皆様《さま》（一斉配信によるごあいさつ、誠に恐れ入ります）……

何十人、何百人もの仕事関係者に、一通一通メールを書く手間ひまは、誰も要求しないだろう。しかし、手間を省いた失礼を自覚し、一言詫びる姿勢はすがすがしい。

このような受け手すべてに向けた細やかな心の手当ては、SNSによる通信を、より豊かで楽しいものにするために、決して忘れてはならない大切なことだろう。

◉ビジネスメールの注意点いろいろ

ビジネスメールの書き方には、手紙の書き方とは異なる注意点がある。その代表的なものを、いくつかをここに紹介しておく。

○一通のメールで、知性、人柄、熱意、敬意の程度などすべてが伝わる

メールは通信内容を、手紙よりも早く電話よりも正確に、そして証拠が残る形で送ることができる。そこで、あいさつは極力省き簡潔に素早く送ることが、何よりも大切と思われがちだ。しかし、あいさつの部分をないがしろにすると、相手に不快感を与えかねない。場合よっては知性、人柄、熱意、敬意を疑われるメールになってしまうこともある。

○時候のあいさつを効果的に使うためには

ビジネスメールでは、時候のあいさつは、一般の手紙のようには書かないのが普通だ。書けばなれなれしく悠長な感じとなり、違和感を与えてしまうこともあるだろう。しかし、関係が熟してきたとき、あるいは緊急を要しない余裕のある通信内容の場合は、その日の天気や季節に触れて、趣を添えたメールにするのもよい。そうすることで親密さが増し、コミュニケーションがさらにスムーズになる場合もある。

○「様」と「さま」、どちらがよいか

宛名には「様」と敬称をつけるが、これをあえてひらがなの「さま」と書く場合がある。親しみをこめるため、あるいはなごやかな雰囲気をかもすために効果的だ。しかし、あまり関係が親しくないときに、または内容がシリアスなときに「さま」を使うと、なれなれしい、真剣みが足りないと思われることもあるので注意する。

○「お世話になります」以外の書き出しが効果的

ビジネスメールの書き出しは、「お世話になります」が一般的。しかし、形式化した無味乾燥なあいさつより、できれば生き生きとしたあいさつからメールを始めるのがよいだろう。「おはようございます」「昨日はごていねいなメール、ありがとうございます」「夜遅くにすみません」「ご出勤前に恐縮です」など、そのときどきに応じたあいさつがあると、それだけで相手もテンションをあげて仕事に取り組んでくれるにちがいない。

ただし、あまり親しくない相手には、「お世話になります」が無難な場合も多い。

○メールを使う失礼を踏まえると好印象になる

メールは礼儀の点から見ると、手紙よりも簡略で失礼なツールだ。もちろんメールでもらった通知には原則としてメールで返すが、手紙でもらってメールで応えるのは、失礼と思われる場合がある。そんな非難を受ける恐れのあるときは、次の一言を加えるとよい。

「大変失礼とは存じますが、メールの便利さに負けてご返事させていただきます」。

《用具選び》

基本踏まえ
自由に

芥川龍之介は、原稿用紙を便せん代わりにしたことがある。詩人立原道造は、旅先で立ち寄った喫茶店の紙ナプキンに近況を書き、恋人に送った。

いずれも**手紙**の礼儀の基本からは外れている。

なぜなら、原稿用紙とは本来活字を組むための下書き用であり、紙ナプキンは、手や口のまわりをふくためのものだからだ。代用品で間に合わせるのは失礼といわざるをえない。

おわび、お願い、お礼の**手紙**など、改まった**手紙**なら、白か無地のごく薄い色の便せんを用いる。タテ書きかヨコ書きかも迷うところだが、改まった**手紙**なら、タテ書きの便せんを用いるのが無難だ。特におわびや弔事関連の**手紙**は、必ずタテ書きにする。

文字は万年筆や、ペン先にインクを付けながら書く「付けペン」で書くのがよい。ボールペンはもともとジャーナリストが発明した手軽なメモ用で、カスレや書いている途中でインクが垂れてしまう「インクボテ」が出やすく、改まった**手紙**には向かないとされていた。

しかし、欠点が改善された筆跡鮮やかな現在の高性能なボールペンであれば、どんな**手紙**に使ってもかまわない。そして、いうまでもなく、書き換え可能な鉛筆書きは、小学生ならまだしも大人は原則として禁止だ。

万年筆や付けペンより、さらに敬意を示したいときは毛筆で書くのがよい。その際、墨の色はお祝い事や一般的な**手紙**なら十分に濃くし、お悔やみなど弔事の**手紙**なら墨を薄めて書く。涙が硯《すずり》に落ちて、墨が薄まるという言い伝えがあるためだ。最近は薄墨の筆ペンも販売されている。

夏目漱石はある人からの依頼状の返事をこう締めくくった。

急ぐので万年筆で失礼します

百年前の日本では、万年筆さえ不十分だった。

なお、万年筆や付けペンの色は、黒かブルーブラックが正式とされている。

以上は一般的な礼儀であり、相手や内容によっては、この常識からはみ出るのが面白い。

芥川の原稿用紙の使用も立原の紙ナプキン利用も、どちらも親しい相手への**手紙**だから問題はなく、むしろ仕事柄や旅情を醸し出し、趣を深めるために大いに役立っているといえる。

◉自由に選びたい筆記具いろいろ

私は、手紙の内容、相手、そのときの気分によって筆記具を選ぶ。すると、万年筆やボールペンでは思いもつかなかった言葉が生まれ出ることがある。

○ガラスペンでガリガリと思いを刻む

ガラスペンはやはり金のペン軸の万年筆に比べれば、材質の固さのせいか書くとき引っかかる感触がある。横書きの便箋に、ガリガリと文字を刻むのがいい。ペン先がスムーズに進まないから、胸の奥からゆっくりと確かな言葉を手繰り寄せるのに適している。

○上手くなくても毛筆の独特な味わいを愉しむ

できれば墨をするところから始める。なんだか懐かしい香りが漂ってきて気持ちが落ち着く。手紙は処理するものではなく、愉しむものという世界の入り口に立てたような気になる。上手くなくても筆を運ぶ感覚は、万年筆にもボールペンにもない別物だ。筆圧をかけることに必死になりがちな硬筆とは逆で、どう力を抜くかが重要に思えてくる。力を抜いた穏やかな手紙文が、もしかしたら書けるかもしれない。

○色鉛筆で色とりどりも文字を躍らせる

親戚から園芸野菜が届いた。ジャガイモ、玉ねぎ、グリーンピース。丹精の食材が食卓を飾る。嬉しさと感謝を託すには、色鉛筆がいい気がした。三種類の野菜のスケッチを色鉛筆で仕上げる。失礼を承知で、ぎこちない色鉛筆画と文字をはがきに躍らせてみた。

○クレヨンの匂いを添えて童心を送る

少し元気をなくした友から手紙が届いた。元気づける言葉が浮かばなかった。画用紙を取りだし、クレヨンで彼の顔を描いた。まるで小学生の絵。彼が元気だった頃の笑顔を描いて、その顔が似合うのだからと、やはりクレヨンで大書した。効果のほどはわからないが、もっともらしい励ましを万年筆で書くより、満足できる手紙が書けた気がした。

○カリグラフィーペンでレトロな気分に浸りながら

仕事場で宴会を催そうと思い、招待状を書くことにした。ペン先の平らなカリグラフィーペンを使い。英文と和文で案内を書いた。思いのほか、レトロでゴージャスな雰囲気の招待状が仕上がった。

○半紙を利用して巻紙と封筒を作成

とても親切にしてもらった人に、お礼の手紙を書くことにした。半紙を何枚もつなげて巻紙を作った。封筒も半紙で自作した。巻紙に筆で書きつける体験は、とても新鮮だった。新鮮な思いが新鮮な感謝を醸成してくれた。長い礼状となった。途絶えることのない感謝の言葉が、広げると三メートル以上になった。満ち溢れる感謝の気持ちを、そのまま表現できた気がした。

《レイアウト》

余白で趣添える

「散らし書き」「小筋書《こすじが》き」「立石様《たていしよう》」「雁行様《がんこうよう》」「藤花様《とうかよう》」といえば、なんのこと？　答えは、その昔、巻紙に**手紙**を書いた頃のレイアウトの種類だ。

詳しい説明は避けるが、巻紙にパラパラと文字を散らして書いたり、上ぞろえや下ぞろえにして書いたりする方法で、趣を添えるために、今でもこれらは祝電などに利用される場合がある。

童謡「かわいいかくれんぼ」の作詞で知られる詩人サトウハチローは、黒柳徹子からエッセー集『パンダと私』を贈られたとき、礼状を次のように書いた。冒頭だけご紹介する。

パンダと私
ほんとうにありがとう…
すぐによみました
終りまでよみました

書き出しをそろえ、行末はそろえない。長さの異なる藤の花房が垂れ下がる景色のような、「藤花様」を用いた風雅な書法だ。

もちろんこれは、**手紙**を書く際のレイアウトの常識ではない。基本はご存じの通り、行の長さと上下をそろえて整然と書く。

では、基本通り書くにしても、文字面の周囲の余白、行間、字間はどの程度あけるのがよいか。そうした点にも注意すると、伝えたい思いがより正確に相手に届くはずだ。

市販の便せんを用いるなら、そのケイに従って文字を書くことになるわけだが、その前に、そもそもケイの間隔、余白の広さなど、さまざまある市販の便せんの中から、どれを選べばよいのか。次の知識が、便せん選びや自作レイアウトをする際の一つの基準となるだろう。

行間、字間、余白と趣深さや主観性との関係は、行間、字間、余白が広くなればなるほど、趣が深まり主観性が強くなる。逆に、それらが狭くなればなるほど、正確性、客観性の印象が強まる傾向がある。

したがって、情報伝達を主眼にする**手紙**なら、行間、字間は適度に狭くして、余白も狭めにするのが効果的だ。新聞記事がぎっしり詰まったレイアウトになっているのは、客観性を重視するからだ。

なお、タテ書きのほうがヨコ書きよりも改まった礼儀正しい印象になることは、いうまでもない。

◉レイアウトの知識いろいろ

手書き、パソコン、いずれを利用するにせよ、便箋やはがきに文字を並べるとき、知っておくと役に立つレイアウトの基本をご紹介しよう。

○趣を優先するなら字間・行間・余白は広めに

季節の便りなどの趣を優先する手紙や、各種あいさつ状などの儀礼的な手紙は、字間・行間・余白は比較的広めにするのがよい。狭くしてしまうと、窮屈でギスギスした印象となり、内容のイメージと違和感を生じ、手紙の効果が半減することになる。

○情報性に重きを置くなら字間・行間・余白は標準か狭めに

通知文、案内文など、情報性を重要視する事務的な手紙は、字間・行間・余白は、標準的な広さか、比較的狭めにするのがよい。これらが広くなると、情緒的な印象が増し、客観性、正確性が弱まる傾向がある。

○改まった手紙は毛筆体、明朝系文字で書くのが礼儀の基本

今は行書や草書を読みこなせる人の率は非常に低いので、手書きでも楷書で書くのがよい。心得のある方は、賀詞ぐらいなら流麗な草書でしたためるのもよい。また、パソコンのフォントを使うときには、儀礼的な通知、案内、あいさつ文なら毛筆体か明朝系文字を使い、その他の改まった手紙は明朝系の文字を使用するのが礼にかなう。

○小さすぎる文字も大きすぎる文字も原則として失礼

小さな文字には緻密さ、正確さ、客観性といった印象がある。したがって、通知、案内などの事務的な手紙に向いている。大きな文字にはおおらかさ、優しさ、あたたかさ、大胆さ、力強さなどが感じられる。そこで、親しい相手へのあいさつ文や近況報告などに使われる場合が多い。ただし、小さすぎれば読みにくくなり、わずらわしい印象となるので注意する。また、大きすぎると、大雑把、不躾、あるいは幼稚な印象が生まれるので、やはり相手、内容によって注意が必要だ。

○「拝啓」と「敬具」の位置には伝統的な原則がある

「拝啓」などの頭語を、どこから書くかが問題になることがある。行頭から書く場合、行頭一字空きにして書く場合の二通りがある。明治期からの昭和後期までに流通した手紙の指導書を二十冊余りを調べた結果、行頭一字空きから頭語を書き始めよと教えるものがなく、すべて行頭からとなっていたので、私も行頭から書くのがよいと考えている。現代の書写の専門家たちも、行頭からを支持しているようだ。

一方「敬具」などの結語の位置も、行末に付ける場合と、行末一字空けにして書く場合との二種類が存在する。書写の専門家は、行末一字空きがスマートで美しいとすることが多いので、私もその意見に従い、行末一字空きを推奨している。

《筆まめへの道》

チョイチョイ書こう

手紙を書くことが大好きだった夏目漱石は、二千五百通余りの**手紙**を残した。これは散逸をまぬかれた数だから、実数は少なくとも一万通はあったと推定できる。漱石は毎日のように原稿執筆前に**手紙**を数通書き、名作を次々に生み出すためのウォーミングアップ代わりにしていたようだ。

今から八十年ほど前の**手紙**の指導書に、興味深い戒めがある。

筆マメにチョイチョイ書け

手紙上達に第一の禁物は筆無精である。「筆無精は出世の邪魔」と古くから言う通り、必要に迫られて長い**手紙**をウンウン言いながら書くより、筆まめにチョイチョイ出すほうが効果があるウンウンよりチョイチョイの方がいいとは必ずしもいえないと思うが、今より**手紙**をよく書いたと思われる昔も、筆無精に苦しむ人が多かったようだ。そして、筆無精が出世や社交の妨げとなることは、今もほとんど変わらない。

では、筆まめになるためには、どうしたらよいか。

実に簡単だ。便せん、封筒、はがき、ペン、そして切手の五つのアイテムを、手の届く所に置いておけばよい。するとどんな人でも筆まめになる、可能性が急激に高まる。

その証拠に、大方の人はメールをたくさん打つ。携帯電話やスマートフォンには、五アイテムに相当するものが備えられているからだ。

手紙を書くチャンスは、思い立ったときだ。そのとき手元に便せんがなければ、封筒が見当たらないと、あるいは切手が一枚ないだけでも、チャンスを見送ることになる。

「チョイチョイ書け」という言い方は軽薄な**手紙**を推奨するようで感心しないが、あまり考えこまずにどんどん出すのはいいことだ。そうすると、いつの間にか自然に、相手やテーマに応じた書き方が身につき、書くことが苦でなくなる。

「チョイチョイ」もその意味においては効果的なアドバイスといえる。

漱石の**手紙**にこんな言葉がある。

今夜寝しなに御手紙をかき候…只筆が持ちたくなったからに候

チョイチョイ書いて筆まめになると、**手紙**を書くために筆を持つのではなく、筆が持ちたくなると**手紙**を書くようになるらしい。

◉手紙に関する教訓いろいろ

手紙に関わる教訓は、昔から数多くある。書き方の秘訣や、手紙のあるべき姿を教えている。今でも役に立つノウハウや至言をここに紹介しておく。

手紙は打ちとけてもよし、
四角張りもすべし　（古語）

筆短情長　（高山樗牛）

なおざりに筆をなとりそ、
書くといえば、心のかぎり
見ゆるものなり　（古歌）

文は人なり　（高山樗牛《ちょぎゅう》）

手紙は千里の面目　（古語）

手紙の書体は人を訪問する時の服装のようなものである。　（榎本武揚《たけあき》）

平易明白を尊ぶべし

（大町桂月）

難しき文字を使うな　むやみに難しき文字を用いる人は文章の上手なるにあらず、内実は下手なる故、殊更にむずかしき文字を用い、人の目をくらまして、その下手を飾らんとするか、又は、文章を飾るのみならず、事柄の馬鹿らしくて見苦しき様を飾らんとするものなり

（福沢諭吉）

手紙の文は八幡の藪のごとし、入り易くして達し難し

（古諺）

無駄を省け

（犬養毅）

書簡は、直接に逢って話をする時よりも、控え目に書け、少し丁寧なものの言い方をせよ

（窪田空穂）

おわりに

本書は、東京新聞の生活面で平成二十四（二〇一二）年四月から開始し、五十回を超えた連載コラム「手紙 書き方味わい方」をまとめたものである。書籍化に際して一部改稿し、各回のテーマに関連した文豪たちの手紙のフレーズを、新たに数多く収載するなどした。

私がなぜ文豪や名家の手紙に注目し、そこから手紙の奥義を学ぼうとしたのかということについて、少しご説明したい。

私自身、そもそも文豪や名家の書簡は、文学史やその他各分野の歴史の第一次資料だと思っていた。たとえば、芥川龍之介から夏目漱石に送られたこんな書き出しの手紙がある。

「先生　また　手紙を書きます。嘸《さぞ》この頃の暑さに我々の長い手紙をお読になるのは御迷惑だろうと思いますが　これも我々のような門下生を持った因果と御あきらめ下さい」

この手紙により、文学史上の巨星二人の親愛の深さが実証されることになる。しかし、芥川、漱石という名前を外しても、生活手紙文の観点からこの手紙を見ると、私たちの参考になる手紙の書き方の秘訣が隠れていることに気づく。

一般的な手紙の作法からいえば、続けて同じ相手に手紙を書くときの頭語は、「再啓」「追啓」「再呈」などを用いるとされている。このとき芥川は二十三歳の文学青年で、漱石は四十九歳の大文豪。「再呈」などがふさわしい書き出しだったはずだ。にもかかわらず芥川がそうしなかったのは、当然無知からではない。なにはともあれ、まず「先生」と呼びかけたいという心の真実を素直に表現した。この自由で素直な表現にひきずられて、以下の伸びやかで敬愛に満ちた文章が生み出されていったのだと考えられる。

すでに「はじめに」でご紹介したよい手紙の条件――誠意、親愛、敬意、品位、趣、ユーモアなどが、書き出しから感じられる手紙だということができる。

私たちが、先生、先輩、親しい知人、年上の親戚などに、親愛の情をこめて手紙を書くとき、芥川のこの書き出しのことばと醸し出される雰囲気は、大いに参考になる。

そもそも、文豪や歴史的人物の手紙から、日常の生活手紙文の書き方の手がかりを得ようとする姿勢は大昔からあり、私の独創ではない。

私の書斎の座右の書棚には、明治、大正、昭和の手紙の指導書が数十冊あり、それぞれには、お礼、お祝い、お見舞い、依頼、招待などなど、生活手紙文の諸テーマに応じた例文が数多く紹介されているが、その中には必ず文豪、名家の実例の引用がある。

百年前の昔から、私たち日本人が綿々と受け継いできた、手紙のことばの選びかたの習得法を、本書でも真似てみたというわけである。

漱石の暑中見舞いの冒頭は、「暑中お見舞い申し上げます」ではなく、「大分暑いじゃありませんか」とある。こんなふうに話しかけるように書いてもいいのだと初めて知った。

正岡子規はお見舞いの手紙の追伸に、「寒かろう痒かろう人にあいたかろう」と添えた。枕辺の母の手のひらの優しさを感じさせる至上のいたわりは、こうしたことばで伝えられるのだと教えられた。

また、太宰治は、身辺雑記を綴った原稿用紙の欄外に小さく添えた「コイシイ」の一言に、恋人への万感の思いを託した。これほど効果的な便箋の欄外の利用法の教えは、これまでのどんな指導書にも見当らない。

文豪たちの手紙は、ことばの宝箱だ。折に触れて本書を開き、その輝きに浴することで、読者の皆様の手紙が、生活が、より豊かで美しいものになれば喜びにたえない。

最後にこの場をお借りして、私の連載をサポートしてくださり、本書の誕生のためにお力添えいただいた東京新聞の杉戸祐子さん、細川暁子さん、三浦耕喜さん、澤田敬介さん、白鳥龍也さん、三橋正明さん、山崎奈緒美さんに、満腔の謝意を捧げたい。皆様、ありがとうございました。

著者

◉引用文献

『芥川龍之介全集』　一九九七年　岩波書店
『有島武郎全集』　一九二九年　新潮社
『朝日日本歴史人物事典』　一九九四年　朝日新聞社
『鏡花全集』　一九四二年　岩波書店
『石川啄木の手紙』　平岡敏夫著　一九九六　大修館書店
『内村鑑三全集』　一九八三年　岩波書店
『永訣かくのごとくに候』　大岡信著　一九九〇年　弘文堂
『鷗外全集』　一九七五年　岩波書店
『鷗外をぐる百枚の葉書』　一九九二年　文京区教育委員会
『荷風全集』　一九六五年　岩波書店
『梶井基次郎全集』　一九六六年　筑摩書房
『キッスキッスキッス』　渡辺淳一著　二〇〇二年　小学館
『銀の匙』　中勘助著　一九九二年　岩波書店
『倉敷市蔵　薄田泣菫宛書簡集　作家編』　倉敷市編著　二〇一四年　八木書店
『九条武子婦人書簡集』　佐佐木信綱著　一九二九年　実業之日本社
『現代の書簡』　服部嘉香著　一九二八年　誠文堂
『校本宮沢賢治全集』　一九七四年　筑摩書房
『恋文・恋日記』　内田百閒著　一九八九年　福武書店
『紅葉全集』　一九九五年　岩波書店
『豪華普及版　書道芸術』　一九七〇年　中央公論
『斎藤茂吉・愛の手紙によせて』　永井ふさ子著　一九八一年　求龍堂
『作法文範古今名家　書簡文大集成』　一元社編集部編　一九三四年　一元社

『作文事典』 吉田精一監修 一九六五年 東京書院
『斎藤茂吉全集』 一九七四年 岩波書店
『最後の手紙』 立川昭二著 一九九〇年 筑摩書房
『寂しければ 書簡集』 種田山頭火著 一九八〇年 春陽堂書店
『ショパンの手紙』 小松雄一郎訳 一九六五年 白水社
『子規全集』 一九二五年 アルス
『志賀直哉全集』 一九七四年 岩波書店
【新】校本 宮沢賢治全集』 一九九五年 筑摩書房
『子規全集』 一九七八年 講談社
『新訳 ベートーヴェンの手紙』 小松雄一郎編訳 一九八二年 岩波書店
『志賀直哉全集』 一九七四年 岩波書店
『新纂 古今集・新古今集 評釈』 本位田重美著 一九五三年 清水書院
『辞世』 経営技術研究会編著 一九九九年 ぎょうせい
『辞世のことば』 中西進著 一九八六年 中央公論社
『辞世の風景』 吉岡生夫著 二〇〇三年 和泉書院
『人生読本 手紙』 一九七九年 河出書房新社
『鈴木三重吉全集』 一九八二年 岩波書店
『戦国武将の手紙を読む』 二木謙一著 一九九一年 角川書店
『漱石全集』 一九九六年 岩波書店
『正しき書簡文の知識』 木村秀太郎著 一九三八年 文友堂書店
『啄木書簡』 小田切秀雄編 一九八二年 第三文明社
『高杉晋作の手紙』 一坂太郎著 一九九二年 人物往来社
『立原道造全集』 一九七三年 角川書店
『太陽10月号 No.186』 一九七八年 平凡社

『太宰治全集』　一九六八年　筑摩書房
『定本太宰治全集』　一九六三年　筑摩書房
『父の帽子』　森茉莉著　一九五七年　筑摩書房
『寺田寅彦全集』　一九三七年　岩波書店
『手紙の歴史』　魚澄惣五郎　一九四三年　全国書房
『定本国木田独歩全集』　一九六六年　学習研究社
『手紙の歴史』　小松茂美著　一九七六年　岩波書店
『手紙文講習録』　宇野共次著　一九一七年　手紙研究会
『定本　織田作之助全集』　一九七八年　文泉堂出版
『藤村全集』　一九六八年　筑摩書房
『ドストエフスキイの生活』　小林秀雄著　一九六四年　新潮社
『道程』　高村光太郎著　一九四七年　札幌青磁社
『ニーチェ書簡集』　和辻哲郎訳　一九一七年　岩波書店
『西田幾多郎全集』　一九六六年　岩波書店
『日本人の手紙』　池田弥三郎著　一九七五年　白馬出版
『二十世紀旗手』　太宰治著　一九七八年　浮城書房
『年賀状ジャーナル　2016』　二〇一六年　アイディア工房
『年賀状のちから』　中川越著　二〇一〇年　CKパブリッシング
『博文館版復刻　樋口一葉全集』　一九七八年　ノーベル書房
『白秋全集』　一九八八年　岩波書店
『拝啓マッカーサー元帥様』　袖井林二郎著　一九九一年　中央公論社
『春夫詩抄』　佐藤春夫著　一九三五年　岩波書店
『鉢の子』　種田山頭火著　一九三二年　私家版
『福沢諭吉全集』　一九六一年　岩波書店

『ファーブルの生涯』　平野威馬雄訳　一九八八年　筑摩書房
『冬の旅・その他の旅』　郷原宏著　一九八四年　紫陽社
『文学アルバム　立原道造—愛の手紙』　小川和佑著　一九七八年　毎日新聞
『文豪たちの手紙の奥義』　中川越著　二〇一〇年　新潮社
『平安仮名書状集の研究』　久曽神昇著　一九六七年　風間書房
『別冊太陽　No.46』　一九八四年　平凡社
『ポール・ゴーガン　タヒチからの手紙』　岡谷公二訳　一九六二年　昭森社
『放哉全集』　二〇〇二年　筑摩書房
『未発表　赤彦の書簡』　佐々木太道編　一九六六年　山形愛書クラブ
『三島由紀夫レター教室』　三島由紀夫着　一九九一年　筑摩書房
『武者小路実篤全集』　一九九一年　小学館
『モーツァルトの手紙』　吉川淡水訳　一九四一年　レコード音楽社
『モーツァルトの手紙』　柴田治三郎訳　一九八〇年　岩波書店
『夢二書簡』　長田幹雄編　一九九一年　夢寺書房
『郵便はがき開化子供用文』　辻岡文助編　一八八七年　金松堂
『吉川英治全集』　一九七〇年　講談社
『ランボオの手紙』　祖川孝著　一九五一年　角川書店
『龍馬の手紙』　宮地佐一郎著　一九八四年　旺文社
『良寛の書簡集』　谷川敏朗　一九八八年　恒文社
『露伴随筆集』　寺田透編　一九九三年　岩波書店
『私のアンソロジー（2青春）』　松田道通編　一九七三年　筑摩書房

中川　越（なかがわ・えつ）

昭和二十九（一九五四）年東京都生まれ。生活手紙文研究家。

雑誌・書籍編集者を経て、執筆活動に入る。

古今東西・有名無名を問わず、さまざまな手紙から手紙のあり方を考える。また、近代文学の文豪たちの書簡を手がかりに、手紙の書き方の奥義を学びその成果を紹介するなど、多様な切り口から手紙に関する書籍を執筆し、手紙の価値や楽しさを伝えている。

主な著書に、『漱石からの手紙』（CCCメディアハウス）、『夏目漱石の手紙に学ぶ 伝える工夫』（マガジンハウス）、『文豪たちの手紙の奥義』（新潮文庫）、『実例大人の基本 手紙書き方大全』『名文に学ぶこころに響く手紙』（以上、講談社）、『気持ちがきちんと伝わる！手紙とハガキの書き方新事典』（朝日新聞出版）、『年賀状のちから』（CKパブリッシング）、『手紙遺産』（朗読）（キクボン）などがある。その他、文部科学省検定教科書『高等学校　国語表現Ⅱ』（第一学習社）に、「心に響く手紙」が収載されている。NHK・Eテレ「知恵泉」、NHK総合「視点・論点」「あさイチ」に出演するなど、手紙にまつわる活動は多岐にわたる。

本書は二〇一二年四月七日から東京新聞で連載の「手紙 書き方味わい方」に大幅加筆し再編集したものです。

文《ぶん》豪《ごう》に学《まな》ぶ
手《て》紙《がみ》のことばの選《えら》びかた

２０１６年10月27日 第一刷発行

著 者 中川 越
発行者 三橋正明
発行所 東京新聞
〒一〇〇-八五〇五 東京都千代田区内幸町
二-一-四 中日新聞東京本社
電話［編集］〇三-六九一〇-二五二一
［営業］〇三-六九一〇-二五二七
ＦＡＸ 〇三-三五九五-四八三一
装丁・組版 常松靖史［ＴＵＮＥ］
印刷・製本 大日本印刷株式会社

ISBN978-4-8083-1015-8 C0095